PRODUÇÃO DO ESPAÇO, SEGREGAÇÃO SOCIOESPACIAL E MOBILIDADE NA METRÓPOLE

Editora Appris Ltda.
1.ª Edição - Copyright© 2024 da autora
Direitos de Edição Reservados à Editora Appris Ltda.

Nenhuma parte desta obra poderá ser utilizada indevidamente, sem estar de acordo com a Lei nº 9.610/98. Se incorreções forem encontradas, serão de exclusiva responsabilidade de seus organizadores. Foi realizado o Depósito Legal na Fundação Biblioteca Nacional, de acordo com as Leis nos 10.994, de 14/12/2004, e 12.192, de 14/01/2010.

Catalogação na Fonte
Elaborado por: Josefina A. S. Guedes
Bibliotecária CRB 9/870

F814p 2024	França, Cristiane Ferreira de Souza 　　Produção do espaço, segregação socioespacial e mobilidade na metrópole / Cristiane Ferreira de Souza França. – 　　1. ed. – Curitiba: Appris, 2024. 　　143 p. ; 23 cm. – (Ciências sociais). 　　Inclui referências. 　　ISBN 978-65-250-5504-6 　　1. Cidades e vilas. 2. Direito – Mobilidade. 3. Segregação urbana. 4. Geografia urbana. I. Título. II. Série. 　　　　　　　　　　　　　　　　　　　　　　CDD – 304.8

Livro de acordo com a normalização técnica da ABNT

Appris editora

Editora e Livraria Appris Ltda.
Av. Manoel Ribas, 2265 – Mercês
Curitiba/PR – CEP: 80810-002
Tel. (41) 3156 - 4731
www.editoraappris.com.br

Printed in Brazil
Impresso no Brasil

Cristiane Ferreira de Souza França

PRODUÇÃO DO ESPAÇO, SEGREGAÇÃO SOCIOESPACIAL E MOBILIDADE NA METRÓPOLE

FICHA TÉCNICA

EDITORIAL	Augusto Coelho
	Sara C. de Andrade Coelho
COMITÊ EDITORIAL	Andréa Barbosa Gouveia - UFPR
	Edmeire C. Pereira - UFPR
	Iraneide da Silva - UFC
	Jacques de Lima Ferreira - UP
	Marli Caetano
SUPERVISOR DA PRODUÇÃO	Renata Cristina Lopes Miccelli
ASSESSORIA EDITORIAL	Lucas Casarini
REVISÃO	Marcela Vidal Machado
PRODUÇÃO EDITORIAL	William Rodrigues
DIAGRAMAÇÃO	Luciano Popadiuk
CAPA	Julie Lopes
REVISÃO DE PROVA	William Rodrigues

COMITÊ CIENTÍFICO DA COLEÇÃO CIÊNCIAS SOCIAIS

DIREÇÃO CIENTÍFICA Fabiano Santos (UERJ-IESP)

CONSULTORES
- Alícia Ferreira Gonçalves (UFPB)
- Artur Perrusi (UFPB)
- Carlos Xavier de Azevedo Netto (UFPB)
- Charles Pessanha (UFRJ)
- Flávio Munhoz Sofiati (UFG)
- Elisandro Pires Frigo (UFPR-Palotina)
- Gabriel Augusto Miranda Setti (UnB)
- Helcimara de Souza Telles (UFMG)
- Iraneide Soares da Silva (UFC-UFPI)
- João Feres Junior (Uerj)
- Jordão Horta Nunes (UFG)
- José Henrique Artigas de Godoy (UFPB)
- Josilene Pinheiro Mariz (UFCG)
- Leticia Andrade (UEMS)
- Luiz Gonzaga Teixeira (USP)
- Marcelo Almeida Peloggio (UFC)
- Maurício Novaes Souza (IF Sudeste-MG)
- Michelle Sato Frigo (UFPR-Palotina)
- Revalino Freitas (UFG)
- Simone Wolff (UEL)

AGRADECIMENTOS

Agradeço a minha família querida.

A minha querida orientadora, no mestrado e doutorado, Zenilde Baima Amora, exemplo de ética e profissional comprometida, pela convivência e pelos ensinamentos que levarei pela vida.

Aos estudantes da Iniciação Científica, integrantes do LEURC, João Victor, Raquel e William, que, assim como Blandina, Assis e Guilherme, foram muito importantes na realização do trabalho de campo no bairro Bom Jardim.

Aos professores Edilson Alves e Cláudia Granjeiro pela convivência e pelo aprendizado proporcionado durante nossa passagem pelo Programa de Educação Tutorial de Geografia da UECE.

Ao professor Alexandre Vieira Neto pela generosidade e solicitude.

À UECE, representada por cada funcionário, pessoas importantes que, com o suor proveniente de sua força de trabalho, edificam essa instituição.

À Coordenação de Aperfeiçoamento de Pessoal de Nível Superior (CAPES) pelo apoio, fundamental para a realização desta pesquisa.

À população de Bom Jardim, cuja colaboração foi essencial e imprescindível.

PREFÁCIO

As mobilidades manifestam-se sob diversas maneiras – deslocamentos de um país a outro; do campo para a cidade e vice-versa; com fins turísticos e de lazer, além dos movimentos casa-trabalho-casa, que são mais frequentes, entre outros. As distintas modalidades de deslocamentos instigam cada vez mais os estudiosos da Geografia no sentido da identificação e qualificação das formas atuais de deslocamentos como práticas territoriais.

O tema não é novo, mas assume, na contemporaneidade, renovados contornos com os avanços tecnológicos, que afetam, sobremaneira, a vida das populações e suas práticas territoriais não mais restritas a espaços contínuos, considerando-se as inúmeras possibilidades na oferta de mobilidades. Nesse percurso de possibilidades múltiplas, entretanto, algumas categorias sociais estão em posição menos vantajosa do que outras, cujo essencial da vida cotidiana de seus componentes se desenvolve no seio de territórios geográficos mais restritos. Contrariamente, os que dispõem de melhores condições sociais e, portanto, de maior capital de mobilidade têm maior acessibilidade, tanto no plano real quanto na contextura virtual.

O livro *Produção do espaço, segregação socioespacial e mobilidade na metrópole*, de Cristiane França, fruto de sua dissertação de mestrado, constitui um contributo à reflexão sobre a mobilidade no cotidiano da metrópole segregada. A pesquisa que deu origem a esta publicação tem como recorte o bairro Bom Jardim, na periferia de Fortaleza, e apoia-se na premissa de que o conteúdo e o formato cidade não são comuns.

Os deslocamentos como componentes do urbano contêm características concernentes aos formatos que assume o espaço metropolitano e, no caso em apreço, a metrópole Fortaleza, cujo padrão excludente estende-se cada vez mais para a periferia. Essa situação influencia os custos dos deslocamentos, dificultando cada vez mais a acessibilidade, sobretudo dos trabalhadores que vivem com baixos salários, na informalidade e, em muitos casos, tendo como única fonte de renda os dispositivos de ajuda social mantidos pela ação governamental. A capacidade de mobilidade, nesse caso, é, ainda, agravada por outras vulnerabilidades, tanto físicas como sociais.

O aporte da mobilidade não descarta, evidentemente, considerações sobre a demanda e oferta de meios de deslocamentos e, portanto, não exclui o peso dos sistemas de transportes nas práticas cotidianas dos citadinos, porém vai além, ao considerar as consequências dos movimentos entre pessoas e lugares no entendimento do espaço geográfico. Genericamente, a abordagem se amplia com o influxo das tecnologias na vida cotidiana, sobretudo das populações urbanas.

A relação entre mobilidade e condição social associadas à pobreza é conhecida. Essa circunstância, entretanto, é aparentemente contraditória socioespacialmente. Por um lado, há uma espécie de isolamento dos mais pobres, limitados territorialmente, em face da menor possibilidade de acesso generalizado à cidade, em decorrência de fatores associados à pobreza já amplamente conhecidos. De outra parte, a escassez de serviços essenciais em bairros da periferia urbana favorece a procura no centro e/ou em outros bairros da cidade, o que acentua os deslocamentos, tornando-se fator de mobilidade, porém condicionado às demandas externas e específicas não satisfeitas nos lugares de moradia.

As pessoas entrevistadas no bairro Bom Jardim, conforme revelou a pesquisa realizada por Cristiane, necessitam dirigir-se a bairros próximos para satisfazerem suas demandas, mormente de serviços de saúde. A proximidade, nesse caso, é um fator que contribui para a mobilidade, porém mais reduzida a essa demanda específica, indicando movimentos curtos e práticas territoriais restritas. Essa situação é comum entre os moradores que têm rendimentos mais baixos. O estudo, também, confirma que os moradores de mais alta renda, dispondo de maior capital social, têm mais acessibilidade à cidade e não dependem dos bairros próximos para satisfazer suas necessidades, sejam de saúde, educação, lazer, entre outras.

Sintetizando as ideias aqui expostas, reforçamos a importância do estudo das mobilidades para a Geografia e, em especial, na dimensão espacial urbana, uma vez que o movimento é parte integrante do cotidiano e dá forma e vida à cidade. Se, contudo, os deslocamentos se tornam imprescindíveis na sociedade atual, não obstante a aceleração dos meios virtuais, nem todos têm as mesmas condições de acessibilidade ao que se denomina de mobilidades generalizadas, por se encontrarem em situação de vulnerabilidade, como demonstrado na obra agora sob referência.

Cristiane compartilha com o leitor suas considerações sobre um tema complexo e portador de renovado interesse para a Geografia, em face da generalização das mobilidades em distintas escalas. Nesse universo de múltiplas possibilidades, a autora particulariza a abordagem, ao pesquisar e refletir sobre a mobilidade cotidiana praticada pelos mais pobres, sem, contudo, estigmatizá-los. Sua contribuição estende-se, ainda, à leitura do urbano, com foco na metrópole Fortaleza, somando-se a outros estudos que se reportam à produção do espaço urbano em sua vertente periférica.

Boa leitura!

Zenilde Baima Amora
Professora doutora em Geografia Humana
Fundadora do Laboratório de Estudos Urbanos e da Cidade (LEURC/UECE).

Os moradores do Olimpo e a nova aristocracia burguesa (quem os ignora?) não habitam mais. Andam de palácio em palácio, ou de castelo em castelo; comandam uma armada ou um país de dentro de um iate; estão em toda parte e em parte alguma. Daí provém a causa da fascinação que exercem sobre as pessoas mergulhadas no cotidiano; elas transcendem a cotidianidade; possuem a natureza e deixam os esbirros fabricar a cultura. Será indispensável descrever longamente, ao lado da condição dos jovens e da juventude, dos estudantes e dos intelectuais, dos exércitos de trabalhadores com ou sem colarinho e gravata, dos interioranos, dos colonizados e semicolonizados de toda espécie, de todos aqueles que sofrem a ação de uma cotidianidade bem ordenada, será necessário mostrar aqui a miséria irrisória e sem nada de trágico do habitante, dos suburbanos, das pessoas que moram nos guetos residenciais, nos centros de decomposição das cidades velhas e nas proliferações perdidas longe dos centros dessas cidades? Basta abrir os olhos para compreender a vida cotidiana daquele que corre de sua moradia para a estação próxima ou distante, para o metrô superlotado, para o escritório ou para a fábrica, para retomar à tarde o mesmo caminho e voltar para casa a fim de recuperar as forças para recomeçar tudo no dia seguinte. O quadro dessa miséria generalizada não poderia deixar de se fazer acompanhar pelo quadro das "satisfações" que a dissimulam e que se tornam os meios de eludi-la e de evadir-se dela. (LEFEBVRE, 2001a, p. 118)

LISTA DE ABREVIATURAS E SIGLAS

BJ	Bom Jardim
BNB	Banco do Nordeste do Brasil
BNH	Banco Nacional da Habitação
BNDES	Banco Nacional de Desenvolvimento Econômico e Social
CAGECE	Companhia de Água e Esgoto do Ceará
CAPES	Coordenação de Aperfeiçoamento de Pessoal de Nível Superior
CDVHS	Centro de Defesa da Vida Herbert de Souza
CEPAL	Comissão Econômica para a América Latina
CNPq	Conselho Nacional de Desenvolvimento Científico e Tecnológico
DLIS	Programa de Desenvolvimento Local Integrado e Sustentável
DSPGBJ	Diagnóstico Socioparticipativo da Grande Bom Jardim
ETUFOR	Empresa de Transporte Urbano de Fortaleza
GPDU	Gestão Pública e Desenvolvimento Urbano
GTDN	Grupo de Trabalho para o Desenvolvimento do Nordeste
IBGE	Instituto Brasileiro de Geografia e Estatística
IDT	Instituto de Desenvolvimento do Trabalho
IPI	Imposto sobre Produtos Industrializados
IDHM	Índice de Desenvolvimento Humano Municipal
O/D	Origem/Destino
RMF	Região Metropolitana de Fortaleza
SBC	Sociedade Benemérito Cearense
SEPLA	Secretaria Municipal de Planejamento e Orçamento
SINDIONIBUS	Sindicato das Empresas de Ônibus de Fortaleza
STPC	Sistema de Transporte Público Complementar
SUDENE	Superintendência do Desenvolvimento do Nordeste

SUMÁRIO

**1
INTRODUÇÃO** 17

**2
FORTALEZA: CRESCIMENTO E PERIFERIZAÇÃO** 21
2.1 O espraiamento da malha urbana e a segregação socioespacial em Fortaleza 31
    2.1.1 Bom Jardim: de espaço com características rurais a bairro de Fortaleza 39

**3
REFLEXÕES TEÓRICAS SOBRE MOBILIDADE** 65
3.1 Abordagens geográficas da mobilidade 70
3.2 O par mobilidade e espaço urbano 73
3.3 Mobilidade, acessibilidade e transporte urbano público em Fortaleza:
algumas considerações 80
    3.3.1 Transporte público como meio de consumo coletivo 84
    3.3.2 Aspectos do sistema de transporte público em Fortaleza 87
3.4 Bom Jardim: transporte e acessibilidade urbana 99

**4
MOBILIDADE E ACESSIBILIDADE À CIDADE:
OS MORADORES PESQUISADOS DO BOM JARDIM** 105
4.1 A mobilidade da força de trabalho dos moradores do bairro Bom Jardim:
reflexões teóricas. 105
4.2 O trabalhador morador do Bom Jardim 110
4.3 Mobilidade e trabalho dos moradores pesquisados 117
4.4 Cidade, mobilidade e consumo 125

**5
CONSIDERAÇÕES FINAIS** 133

REFERÊNCIAS BIBLIOGRÁFICAS 137

INTRODUÇÃO

Nesta obra enfocamos a mobilidade espacial urbana dos moradores da periferia sudoeste da capital cearense, mais precisamente do bairro Bom Jardim, espaço que teve origem quando a urbanização periférica de Fortaleza mais se acentuou, na década de 1970.

O atual bairro Bom Jardim era uma área eminentemente rural, onde predominavam fazendas, até mais ou menos a referida década, passando a abrigar, como tantos outros bairros periféricos da capital cearense, uma população proveniente do campo, em busca de melhores condições de vida na cidade, haja vista os problemas, sobretudo sociais (estrutura fundiária concentrada), associados a fatores climáticos que impulsionaram o êxodo rural e o crescimento das cidades, sobretudo das capitais nordestinas.

O ambiente periférico de Fortaleza foi formado tanto pela ocupação dos migrantes, que provinham do restante do estado, quanto pela expulsão dos trabalhadores que já se encontravam na cidade, cuja renda era insuficiente para sua permanência em áreas mais centrais, onde a concentração de atividades comerciais encarecia o uso do solo urbano, fazendo com que a população se fixasse nas áreas mais distantes e desprovidas de infraestrutura.

Fortaleza foi sendo desordenadamente ocupada, principalmente na forma de loteamentos, contribuindo para a atuação dos especuladores imobiliários, que incorporavam gradativamente novas áreas, apropriando-se, inclusive, de terrenos situados na periferia urbana, loteando antigos sítios onde se desenvolviam especialmente atividades rurais, como foi o caso do bairro Bom Jardim.

O espaço urbano de Fortaleza, como de outras cidades brasileiras[1], foi se constituindo de maneira segregada, ensejando estreita relação entre moradia e renda da população. Sendo uma metrópole moderna, a capital alencarina se constituiu, ao longo do tempo, local de importante acumulação de capital e de reprodução da força de trabalho, uma vez que os processos sociais, ao produzirem forma, movimento e conteúdo, produzem o espaço urbano.

---
[1] Sobre isso, ver: VILLAÇA, Flávio. *Espaço intraurbano no Brasil*. São Paulo: Studio Nobel, 2001.

Corrêa (2001), reportando-se às cidades brasileiras, expressa que o uso da terra de maneira diferenciada, com a formação de uma área central, áreas industriais e residenciais diversas, interage com os fluxos de capital e de pessoas, com migrações diárias entre local de residência e lugar de trabalho, e o deslocamento de consumidores, o que possibilita a integração das diferentes partes que compõem a cidade.

Com efeito, podemos garantir que o espaço urbano de Fortaleza é composto de bairros que abrigam uma população de alto poder aquisitivo, em contraposição à maior parte dos locais de moradia da cidade que acolhem um número expressivo de famílias com baixo poder aquisitivo.

Destaca-se, contudo, que, não obstante esse atributo, Fortaleza exibe uma peculiaridade, que é a de se encontrar, até mesmo em bairros nobres, favelas e casarões ou favelas e condomínios residenciais, lado a lado, o que não descaracteriza a segregação, visto que a população de menor poder aquisitivo não possui acessibilidade às amenidades locais desses espaços, como tem a mais abastada. É fato ainda que muitos residentes nas comunidades pobres próximas aos bairros de renda mais alta realizam pequenos serviços demandados por seus moradores, a exemplo de eletricista, encanador, borracheiro, faxineira, manutenção de veículos, entre outros. Nesse caso, a proximidade para os mais pobres exclui o gasto com o transporte, ao mesmo tempo em que justifica, em parte, a resistência em se afastarem para locais mais distantes.

O interessante é que esse retrato não é estanque, porque a realidade é dinâmica, e essa é a razão para se pesquisar. Alegamos isso em virtude do que nos revelam os estudos empreendidos, no sentido da caracterização da população do bairro Bom Jardim, bairro periférico, destacado pelo alto índice de criminalidade e por sua infraestrutura precária, cuja maior parte da população conta com uma renda mensal abaixo do necessário para sua reprodução e onde, no entanto, se encontram pessoas que possuem renda superior a 20 salários mínimos mensais, mesmo que represente 0,01% da população, segundo dados do IBGE (2010), o que não foge da análise realizada no parágrafo anterior, visto que essa não é a realidade da maioria dos moradores do bairro.

O fato é que esse processo de segregação espacial não se desvincula das formas de produção e reprodução do espaço urbano que, no modo de produção capitalista, favorece a diferenciação socioespacial no interior da cidade, com áreas mais bem servidas dos meios de consumo coletivo[2], em

---

[2] Entendemos por meios ou equipamentos de consumo coletivo os chamados valores de uso socialmente necessários, como moradia, saneamento, saúde, segurança, sistemas de transporte público, entre outros, os quais devem ser garantidos pelo Estado, dado seu caráter essencial para a sociedade (PRETECEILLE apud CARDOSO, 2007).

contraposição a outras que são precariamente atendidas, o que implica o padrão de qualidade de vida dos moradores. É assim que a mobilidade, componente relevante de inserção no espaço urbano, faz-se compulsória, não se restringindo a sinônimo de urbanidade.

A população segregada socioespacialmente e, não sendo atendida em suas necessidades básicas, no bairro onde mora, desloca-se para outras áreas da cidade, a fim de supri-las. Necessidades essas muitas vezes elementares, como atendimentos de saúde de menor complexidade, que poderiam ser resolvidos nas unidades básicas de atendimento existentes no próprio bairro.

Dessa forma, consideramos que é pertinente uma reflexão acerca da forma como as cidades contemporâneas se estruturam e, por conseguinte, influenciam o cotidiano de seus citadinos, o que nos leva a questionar: até que ponto o deslocamento da população que habita a cidade é facilitada ou dificultada por sua circunstância de localização espacial ou por seu poder aquisitivo? Que papel exerce o transporte público na mobilidade cotidiana dos citadinos e quais as outras formas de acessibilidade urbana utilizadas pela população? No que tange, mais especificamente, a nosso objeto empírico, como ocorre a relação da população que habita o bairro Bom Jardim com as outras áreas de Fortaleza? Quais os meios de locomoção utilizados? E, ainda, como se processa a mobilidade dessa população em seu cotidiano?

Ante o exposto, ressaltamos que nossa pesquisa objetivou compreender a mobilidade urbana e o acesso à cidade em decorrência das desigualdades socioespaciais, tendo por objeto empírico de análise o bairro Bom Jardim, em Fortaleza. Assim, elegemos a dimensão espacial, considerando os deslocamentos residência-trabalho e residência-outros motivos como condição social, à medida que a mobilidade é pensada como componente do urbano. Priorizamos as questões relativas à mobilidade motivada pela reprodução da força de trabalho no urbano, não deixando, entretanto, de fazer ponderações sobre a mobilidade residencial e aquela arrazoada pelo consumo de bens e serviços.

Considerando estudos no âmbito da mobilidade urbana, elegemos as variáveis renda, sexo, idade, ocupação principal, nível educacional e tamanho da família. Na perspectiva de Vasconcellos (2001), esses são os principais fatores que interferem na mobilidade. Com base nessas variáveis, procedemos a ensaios no tocante às questões mais pertinentes, com vistas a alcançarmos as respostas para as perguntas a priori formuladas. Chegamos à conclusão de que o mais coerente seria que aplicássemos os questionários por residência no bairro Bom Jardim, para que abrangesse a mobilidade dos moradores nos mais variados aspectos. Assim, criamos seções no questionário, representando subdivisões, de modo a viabilizar a coleta das informações concernentes à mobilidade de cada um dos trabalhadores da residência e, também, dos desempregados, dos estudantes, além da mobilidade por motivo de consumo de bens, serviços e lazer.

Definido o questionário, começamos a refletir a propósito da melhor metodologia para a aplicação em campo e, reconhecendo nossas limitações, achamos prudente solicitar a contribuição de um profissional na área de Estatística que pudesse nos auxiliar nesta empreitada. Assim, contamos com a valoroza contribuição do professor Alexandre Vieira Neto, estatístico que leciona nos cursos de Geografia da UECE.

Após várias reuniões, discutindo a respeito da escolha da amostra, decidimos que ela seria, então, domiciliar, por conveniência (acesso ao local) e acessibilidade (possibilidade de entrevistar), podendo responder às perguntas qualquer membro da família maior de 16 anos. Fizemos um sorteio das ruas onde seriam aplicados os questionários e, entre as 75 ruas que constituem o bairro, foram sorteadas 13 (17% do total). Definimos como coeficiente de sistematização[3] o número 7 e assumimos uma margem de erro de mais ou menos 10%. Foram aplicados 134 questionários, ou seja, fomos recebidos por 134 famílias e desse montante o número de trabalhadores registrados foi de 236 no total, o que significa o registro de mais de um trabalhador por unidade domiciliar.

O trabalho de campo foi realizado entre os meses de junho e julho de 2010 e contamos com a colaboração dos pesquisadores da Iniciação Científica do LEURC, além de graduandos do curso de Geografia da UECE e colegas que já concluíram o curso, mas que se dispuseram a contribuir para a realização de nossa pesquisa.

Compreendemos que esta obra se justifica pela escassez de estudos que abordem essa temática e que estabeleçam uma interface da mobilidade com a produção do espaço urbano. Esperamos, de tal maneira, contribuir para o entendimento da dinâmica urbana de Fortaleza na perspectiva da mobilidade e com a compreensão do conteúdo do acesso à cidade pela população mais pobre.

---

[3] Número que determina o espaçamento entre um domicílio e o próximo a ser pesquisado. Assim, se o coeficiente de um determinado setor é, por exemplo, 6, o intervalo deixado entre os domicílios pesquisados deve corresponder à grandeza do coeficiente, ou seja, 6, aplicando em seguida o questionário no domicílio posterior.

2

FORTALEZA: CRESCIMENTO E PERIFERIZAÇÃO

Refletir sobre o crescimento demográfico de Fortaleza e a consequente expansão de seu tecido urbano, caracterizado pela periferização, remete-nos aos condicionantes de sua urbanização e aos fatores de ordem socioespacial, atrelados às particularidades que a caracterizam, haja vista que 93% do território cearense está inserido no semiárido nordestino. Os fatores climáticos, ou seja, os longos períodos de estiagem que assolam a região, cujos primeiros registros historiográficos datam do século XVII, aguçaram as difíceis condições de vida da população rural cearense e, por conseguinte, condicionaram sua urbanização, cuja principal característica é a elevada concentração populacional em Fortaleza e, mais recentemente, em sua Região Metropolitana (RMF).

Para se saber acerca do expressivo crescimento de Fortaleza, convém atentar para o fato de que, entre as décadas de 1950 e 1960, a população cresceu 90% e entre 1960 e 1970 esse acréscimo manteve-se ainda muito elevado, com uma taxa de 66%. No último censo, a capital cearense contou com 2.452.185 habitantes (IBGE, 2010), colocando-se como a quinta cidade mais populosa do Brasil, registrando também a maior densidade demográfica do país (estando à frente de São Paulo e Belo Horizonte), com 7.769 pessoas por km². Os dados censitários comprovam a macrocefalia de Fortaleza e, ainda, acentuam que os maiores contingentes populacionais estão inseridos na periferia da cidade, um agravante, haja vista as precárias condições de vida, fato que dá relevo a uma das principais características de Fortaleza: a segregação socioespacial.

A capital do Ceará assume hegemonia na rede urbana (desbancando Aracati e Sobral), obtendo um maior desenvolvimento com origem na segunda metade do século XIX, com a expansão da cultura algodoeira e a condição de porto, evidentemente, em consonância com a função política de capital.

Do final do século XVIII até a primeira metade do século XIX, não ocorreram mudanças substanciais na estrutura urbana de Fortaleza. Consoante a lição de Costa, não há nesse período crescimento econômico e/ou populacional expressivo. Esse quadro muda na segunda metade do século XIX, quando se verificam no Ceará maior intensificação da pecuária, expansão da cultura algodoeira e uma maior diversificação dos produtos exportados, como o café, a borracha de maniçoba e a cera de carnaúba (COSTA, 2007).

A cultura algodoeira, no entanto, merece destaque no panorama relatado, porque esse produto vai contribuir para o dinamismo urbano, pois a cidade passa a ser o ponto de escoamento de toda a produção algodoeira do Ceará com implicações no comércio, na indústria e, sobretudo, no aumento da população alimentada pelos fluxos migratórios.

O Ceará entra na Divisão Internacional do Trabalho com a desorganização das áreas produtoras de algodão estadunidenses, com a Guerra de Secessão (1861-1864). A demanda dessa malvácea no mercado europeu e o não fornecimento pelas tradicionais áreas produtoras fizeram com que a produção cearense entrasse no âmbito das exportações brasileiras. As áreas de cultivo desse produto foram fortemente ampliadas, deixando o algodão de ser cultivado apenas para a subsistência. Com isso, houve uma dinamização no comércio da Província e Fortaleza se expandiu. Consequentemente, ocorreu um crescimento do raio de influência da capital às demais cidades do Ceará, fato acompanhado por um dinamismo no comércio local, acumulação de capitais e melhoria de serviços urbanos (SOUSA, 2007).

Vale destacar o fato de que a redefinição dos papéis assumidos por Fortaleza na economia cearense só foi possível graças à atuação do Poder Público, que direcionou intensivos recursos para a metrópole com vistas a dotá-la de infraestrutura e de outros equipamentos, essenciais para dar continuidade a toda a movimentação econômica comandada, até então, por essa capital. A construção de linhas férreas ligando Fortaleza a cidades situadas no interior da Província constitui um exemplo da atuação do Poder Público visando a dar sustentáculo à economia, sobretudo algodoeira, que necessitava de infraestrutura, mormente, de estradas e do porto, de modo a viabilizar a circulação do algodão (SILVA, 1992).

Essa dinamização da capital contribuiu, sobremaneira, para a atração de moradores, ampliação do número de empregos e serviços urbanos. Esses novos moradores eram, a princípio, encarregados da administração da máquina pública e trouxeram com eles suas famílias, mas, com o passar do tempo e o surgimento de oportunidades, principalmente no âmbito profissional, produtores rurais (temendo os prejuízos em períodos de seca severa), comerciantes e profissionais liberais, assim como suas famílias, passaram a habitar Fortaleza (COSTA, 2007).

O grande contingente de migrantes que veio para Fortaleza, contudo, era composto de população pobre em busca de melhores condições de vida. Essa migração foi motivada por maiores oportunidades de trabalho na capital, haja vista uma estrutura fundiária altamente concentrada e relações de trabalho no campo que não favoreciam maior participação nas riquezas, fazendo com que o crescimento de Fortaleza assumisse taxas bastante elevadas. A Tabela 1 evidencia o crescimento dessa cidade, observa-se que houve maior intensidade no crescimento a partir da década de 1940, e também no decênio de 1950, quando dobrou a população.

Nas últimas três décadas, com a maior parte da população vivendo nas cidades, houve redução das taxas de crescimento de Fortaleza, porém, registrando-se um intenso acréscimo de população nos municípios da RMF[4], com destaque para as cidades médias cearenses, haja vista que os municípios com maior contingente populacional, no ano de 2010, foram Fortaleza (2.452.185 hab.), Caucaia (324.738 hab.), Juazeiro do Norte (249.936 hab.), Maracanaú (209.748 hab.) e Sobral (188.271 hab.) (IPECE, 2011). O Mapa 1 ilustra os municípios que compõem a RMF, assim como sua constituição ao longo das décadas do século XX e XXI.

Tabela 1 – População do Ceará e de Fortaleza – 1890-2010

Ano	População do Ceará	População de Fortaleza
1890	805.68	40.902
1900	849.127	48.369
1920	1.319.228	78.536
1940	2.091.032	180.185
1950	2.695.450	270.169
1960	3.337.856	514.813
1970	4.491.590	857.980
1980	5.380.432	1.307.611
1991	6.366.647	1.767.637
2000	7.430.661	2.141.402
2010	8.448.055	2.447.409

Fonte: Costa (2007, p. 76) e IBGE (2000, 2010)

[4] A RMF foi instituída em 1973, por lei federal, e contava inicialmente com cinco municípios. Em 1988, com a nova Constituição, essa prerrogativa foi atribuída aos estados, ampliando-se consideravelmente a RMF, que até 2014 integrava 15 e até 2021 passou a 19 municípios.

Os fatores climáticos aliados à estrutura fundiária concentradora, tendo por base a grande propriedade dedicada à criação de gado e utilizando pouca mão de obra, favorecida, ainda, pela lei de terras (1850), contribuíram para a expulsão do sertanejo do campo rumo às áreas mais úmidas e às cidades, principalmente as capitais, visadas, mormente, pela proximidade do Poder Público e esperança de apoio.

PRODUÇÃO DO ESPAÇO, SEGREGAÇÃO SOCIOESPACIAL E MOBILIDADE NA METRÓPOLE

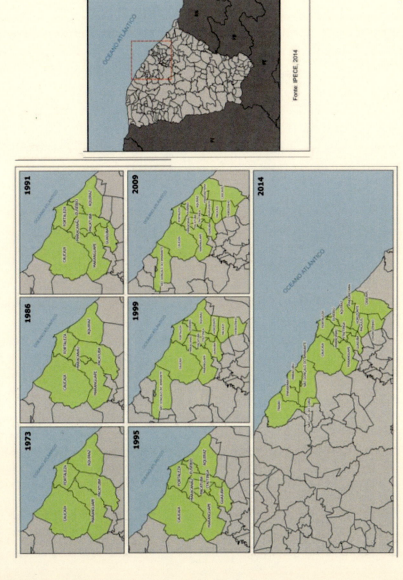

Mapa 1 – Municípios da Região Metropolitana de Fortaleza – 1973-2014

Fonte: IPECE (2014)

Para ilustrar essa situação e reafirmar esse aspecto, é interessante ressaltar que, no final do século XIX, ocorreu um período de secas que acirrou os problemas sociais do campo, como o latifúndio, que, uma vez atrelado à ausência de políticas públicas efetivas, que assegurassem a permanência do homem sertanejo no interior cearense, proporcionou que milhares destes buscassem as cidades, sobretudo as capitais, e, assim, Fortaleza, destacou-se como uma das principais entre as demais capitais dos atuais estados nordestinos no que tange à concentração de migrantes e consequente crescimento urbano.

Com efeito, destacamos a seca ocorrida entre 1877-1879, considerada a que mais castigou a população cearense e denominada Seca dos Dois Setes, que trouxe consequências para o crescimento de Fortaleza que, de 20.098 habitantes em 1872, passou a 40.902 em 1890, resultando em sérios problemas de saúde pública na cidade, conforme assinala Costa (2007). Por sua vez, Souza e Neves (2002, p. 15), ressaltam que:

> Em 1877 a seca deixa de ser um problema unicamente agrário, já que nesse período as relações entre cidade e campo passam a se intensificar, refletindo as tensões do campo no espaço urbano das cidades em geral, e nas litorâneas em particular, principalmente Fortaleza.

É interessante a observação do historiador Tanísio Vieira, no artigo "Seca, disciplina e urbanização: Fortaleza – 1865/1879", quando ressalta o papel que cumpre a *Planta Topográfica da cidade de Fortaleza e subúrbios* (1875), elaborada pelo então engenheiro da Província e do Município, Adolfo Herbster, no século XIX. Para Vieira (2002, p. 20):

> Seu sintomático título traz duas novas realidades que vão além da mera coincidência semântica: seu caráter topográfico e a flagrante divisão espacial da cidade em perímetro central e subúrbios. [...] Quanto a seu caráter divisor percebe-se que a separação entre o perímetro central e os povoados ou *arrabaldes* – circunvizinhanças – ganha força institucional e caberia aos poderes públicos cristalizar a ideia de que eram os subúrbios os principais espaços de acúmulo de dejetos e vícios nocivos à sociedade [...] A seca de 1877/1879 apresenta-se como ponto máximo dessa separação, pois no momento de maior concentração de retirantes em Fortaleza – março de 1878 – 13 arraiaes[5] foram construídos pelos poderes públi-

---

[5] Os arraiaes eram locais construídos para prestar socorro aos retirantes, porém o termo mais recorrente era abarracamento. Os 13 abarracamentos eram: Meireles, São Luiz, Aldeota, Pajehú, Boa Esperança, Alto da Pimenta, Benfica, São Sebastião, Alto do Moinho, Alagoa Secca, Jacarecanga, Via Férrea e Engenheiros (VIEIRA, 2002).

cos provinciais. Ressalte-se que tais acomodações foram construídas, preferencialmente, em áreas que marginavam o perímetro central da cidade, ou seja, os subúrbios. [...] Herbster formalizava a ideia de que deveriam ser construídas edificações compatíveis com a natureza social do lugar, procurava-se enxadrezar ruas, casas e posturas.

Ainda sobre essa questão, Olivenor (2002) assinala que, nos primeiros meses de 1878, Fortaleza abrigava cerca de 100 mil retirantes que continuavam a chegar todos os dias e, citando Raimundo Girão (2000), acentua que cedo Fortaleza converteu-se na metrópole da fome. Destaca-se que a questão climática apenas acirra uma situação de profunda desigualdade social no semiárido nordestino, caracterizada pelo latifúndio e pela exploração da mão de obra do sertanejo que, em épocas de seca, se desloca para a cidade na ânsia de uma vida menos sofrida, no entanto, a inclusão dessa população no urbano se dá de maneira precária desde o início.

Ainda nos anos 1950, ocorreram mais duas grandes secas: a de 1951 e a de 1958 que, em conjunto com a crise na agricultura e o agravamento da questão agrária cearense, provocaram a intensificação do processo migratório. Como já ressaltado, de 1950 para 1960, a população de Fortaleza cresceu 90% e entre 1960 e 1970 esse acréscimo manteve-se ainda muito elevado, ou seja, foram 66% no período intercensitário (Tabela 2).

Tabela 2 – Crescimento populacional de Fortaleza – 1940-2010

Período	Crescimento absoluto	Crescimento relativo (%)
1940-1950	89.984	49,9
1950-1960	244.644	90,5
1960-1970	343.167	66,6
1970-1980	449.631	52,4
1980-1991	460.026	35,0
1990-2000	373.765	21,1
2000-2010	306.007	14,2

Fonte: IBGE (2016)

É compreensível o fato de que a população veja na cidade a possibilidade de lograr uma vida melhor diante de tantas dificuldades. É recorrente, porém, o fato de que na maior parte das vezes não encontra nas áreas urbanas as devidas condições para uma vida mais digna e o Poder Público, que outrora não assegurara a permanência da população no campo com as devidas condições, se furta, mais uma vez, a responder por suas obrigações, agora na área urbana.

Perante tal situação, em que há verdadeira inversão do lugar de moradia por parte da população migrante, ainda na década de 1950, ocorreu o acirramento das desigualdades regionais no Brasil, com a expansão da indústria no Sudeste, que também atraiu grandes contingentes populacionais do Nordeste, os quais serviram de mão de obra para as indústrias da primeira região citada.

Entre os anos 1956 e 1960, a indústria torna-se o setor propulsor da economia brasileira, com o desenvolvimento da produção de bens de capital e de consumo duráveis, processo que se concentrou no Sudeste, aguçando as disparidades regionais. Estas assumem ampla proporção, ganhando destaque como objeto de preocupação política e interesse de vários estudiosos. Em Fortaleza, a indústria têxtil, que havia sido implantada em décadas anteriores, entrou em crise, tornando-se obsoleta em razão da concorrência dos produtos industrializados em outras regiões do país, conforme trataremos mais adiante. Nesse momento, foi criado o Grupo de Trabalho para o Desenvolvimento do Nordeste (GTDN), que elaborou um Diagnóstico sobre a Região Nordeste, assim como um plano de ação privilegiando a industrialização como estratégia de desenvolvimento regional a ser conduzida pelo Estado brasileiro.

A cidade de Fortaleza, em princípio, não apresentava uma dinâmica produtiva no que se refere à indústria e, portanto, capaz de absorver o grande contingente populacional proveniente do meio rural, cabendo aos migrantes a busca por outros setores de atividades, como o comércio e os serviços. Fortaleza caracterizava-se, e caracteriza-se ainda hoje, como uma cidade terciária, fortalecida por sua condição de capital e por sua vasta área de influência que extrapola os limites do Estado. Grande parte da população não absorvida por esses setores de atividades sobrevive de atividades informais, situação muito evidente nos centros urbanos brasileiros.

No que tange à atividade industrial, destaca-se o fato de que ela se desenvolve atrelada às atividades produtivas do campo, o algodão e o couro, principalmente, não representando um setor significativo na absorção de mão de obra. O surgimento das primeiras indústrias, ainda no início do século XX, decorreu, sobretudo, da presença da matéria-prima de origem agrícola e da pecuária, com destaque para a produção expressiva do algodão no Ceará. Os primeiros estabelecimentos industriais foram implantados nas cidades coletoras de produtos agrícolas e em Fortaleza, que se caracterizava como principal ponto de escoamento da produção cearense para o mercado externo.

Só após o já citado GTDN é que teve origem a Superintendência do Desenvolvimento do Nordeste (SUDENE), primeiro órgão brasileiro de planejamento regional que elegeu a industrialização como principal vetor de desenvolvimento do Nordeste. Foi criado o mecanismo financeiro de incentivos fiscais[6] como forma de captação de recursos para viabilização do processo de industrialização.

Na perspectiva de Amora (2007), inaugura-se em Fortaleza outra fase de implantação industrial, porém, em muitos aspectos, diferente da fase anterior, haja vista o fato de que as novas indústrias implantadas inseriam-se na lógica da expansão do capitalismo no Brasil com a incorporação do Nordeste via incentivos fiscais, o que Francisco de Oliveira, citado por Amora (2007), chamou de destruição das economias regionais e integração à economia nacional.

Os primeiros estabelecimentos industriais implantados em Fortaleza localizaram-se no Centro e ao longo da via férrea e avenida Francisco Sá, estendendo-se até a Barra do Ceará, que se configurou como um polo industrial. A população pobre que afluiu a Fortaleza, nas primeiras décadas do século XX, fixou-se preferencialmente próximo a essas indústrias ou na faixa litorânea, pois quando não conseguia se inserir como operários, explorava a pesca ou desenvolvia atividades relacionadas à prestação de serviços.

Com a política de industrialização da SUDENE instaurou-se outra ordem espacial, com a criação do I Distrito Industrial, localizado em Maracanaú, desencadeando a metropolização, que se consolidou mais especificamente nos anos de 1990. Já a reestruturação produtiva[7] do último período dinami-

---

[6] A intervenção se dá com a criação de uma lei (34/18) que estabelece dedução de imposto de renda de pessoas jurídicas e físicas que se dispunham a aplicá-las em empreendimentos industriais na região Nordeste. Os recursos provenientes, principalmente, da região Sudeste, são canalizados para o Nordeste, gerando uma integração espacial mediada pelo capital entre essas regiões. Investimentos direcionados principalmente para Bahia, Pernambuco e Ceará. No Ceará, as indústrias se concentram inicialmente em Fortaleza e mais tarde em municípios de sua RM (AMORA, 2007).

[7] Referimo-nos ao denominado Governo das mudanças, que teve à frente o então governador Tasso Jereissati, cujas ações convergiram no fortalecimento do processo de industrialização, na ampliação da infraestrutura cearense, na atração de investimentos externos e na reestruturação do Estado baseada numa política de privatizações das empresas estatais.

zou a região metropolitana com a consequente atração dos migrantes para os municípios metropolitanos, sobretudo Caucaia, Maracanaú e Horizonte.

Ainda no que diz respeito ao processo de crescimento de Fortaleza na primeira metade do século XX, Silva (2009, p. 132) faz uma relação entre os migrantes que afluíram a Fortaleza e o fenômeno que denominou de favelização

> A origem do processo de favelização de Fortaleza está ligada aos constantes deslocamentos de lavradores sem terra e pequenos proprietários que se dirigem para a cidade devido à rigidez da estrutura fundiária, que praticamente impede o acesso desses lavradores a terra e a outros meios de produção. Nos períodos de estiagem mais prolongados esse processo se intensifica. [...] A cidade de Fortaleza, com a sua condição de capital, constitui uma espécie de refúgio, à medida que se torna praticamente impossível a permanência no interior.

Verifica-se, entretanto, que é de 1970 em diante que se intensifica o processo de periferização de Fortaleza. Souza (2009) afirma que os dados estatísticos demonstram que nesse ano ela concentrava 48% da população urbana do Estado e que, não obstante o elevado crescimento vegetativo, o principal componente desse incremento populacional foi resultado das migrações internas. A autora demonstra, portanto, que entre 1960 e 1970, enquanto o crescimento vegetativo foi de 37,65%, o saldo migratório representou 62,29%, sendo constituído por uma população oriunda de todo o estado e que se fixou na periferia de Fortaleza.

Souza (2009) ainda cita um estudo realizado em 1967 pelo Instituto Joaquim Nabuco de Pesquisas Sociais, no qual foi detectado o fato de que, em sua maioria, esses migrantes tinham como origem, principalmente, o sertão do baixo e médio Jaguaribe; o sertão central-norte; da Ibiapaba e do litoral do Ceará. E é nesse sentido que enfatiza o papel das vias de circulação (ferrovias e rodovias) como facilitadoras das migrações rurais-urbanas. As vias de acesso orientaram e dimensionam o crescimento de Fortaleza e, à proporção que aumentava a população, surgiam mais bairros ao longo delas, principalmente da ferrovia.

A modernização do sistema de transporte e comunicação, ainda no final do século XIX, contribuiu para que o raio de influência da capital se estendesse, com a criação de linhas de navio a vapor ligando Fortaleza diretamente à capital do país e a outras províncias, bem como à Europa. A inauguração da primeira linha de trem ocorreu em 1873, a comunicação por telégrafo com o Rio de Janeiro em 1881 e a exploração do serviço telefônico em 1890. A iluminação pública chegou à capital cearense em 1864, contando inicialmente com o combustível à base de gás carbônico[8]; começou também a funcionar, em 1867, o serviço de canalização de água e teve início, em 1880, o transporte coletivo de bonde a tração animal[9] (COSTA, 2007).

Paralelamente à implantação de serviços urbanos, a cidade crescia e incorporava outros espaços à malha urbana. O desenvolvimento dos meios de transporte possibilitou a habitação fora do núcleo central e o surgimento de vários bairros. O crescimento da cidade orientou-se para as zonas sul e oeste, no sentido oposto ao litoral, haja vista a não valorização do mar, nesse momento, pela população de maior poder aquisitivo. Seu crescimento acompanhou as principais vias de acesso à capital: estradas de Jacarecanga, Soure, Arronches e Aquiraz.

No caminho da estrada de Arroches (Parangaba), no final do século XIX, começou a surgir o bairro Benfica; na estrada de Soure (Caucaia), ao oeste, formou-se o bairro Farias Brito; para o sudeste, na estrada de Aquiraz, formou-se o bairro Joaquim Távora, enquanto a região leste teve sua expansão limitada pela presença do rio Pajeú (COSTA, 2007)

A expansão do tecido urbano, no sentido em que ora abordamos, está relacionada com uma expressiva exploração da população como mão de obra que agora tem a cidade como principal local de moradia, aliando extensas e desgastantes jornadas de trabalho a baixos salários. Dessa forma, a fragilidade do processo de acumulação de capital, incapaz de fomentar a emergência de um consumo de massa, aliada à especulação imobiliária ao déficit habitacional nas áreas centrais das grandes cidades, contribuíram para a formação de uma acentuada urbanização periférica, acompanhada pela ocupação de locais carentes de equipamentos e serviços urbanos (CARDOSO, 2007).

2.1 O espraiamento da malha urbana e a segregação socioespacial em Fortaleza

Com amparo nas discussões realizadas até aqui, podemos inferir que o tecido urbano de Fortaleza vai se espraiando à medida que há um crescimento demográfico elevado, tendo como principal motivador o êxodo rural iniciado ainda no século XIX e intensificado por todo o século XX.

---

[8] A energia elétrica só foi disponibilizada em 1914 para fins residenciais e em 1934 foi estendida aos ambientes públicos.

[9] Os bondes elétricos chegaram em 1913 e em 1909 chegou o primeiro automóvel a Fortaleza.

Esse crescimento traz as contradições inerentes à produção do espaço em uma sociedade como a brasileira, marcada fortemente pelas desigualdades sociais. A consequência é a segregação socioespacial, característica histórica da urbanização brasileira, com a formação de periferias pobres, em contraposição às áreas mais bem-dotadas de infraestrutura e habitadas por população de maior poder aquisitivo.

Fortaleza conta com 116 bairros e está dividida em seis[10] Secretarias Executivas Regionais, desde 1997 (Tabela 3 e Mapa 2). Ao observarmos os dados referentes ao Índice de Desenvolvimento Humano do Município[11], e relacionando-o às Regiões Administrativas, podemos assinalar que a Regional II, que concentra 14,56% da população de Fortaleza, abriga os bairros que apresentam os maiores Índices de Desenvolvimento Humano Municipal (IDHM), como: Aldeota (0,830), Cocó (0,858), Dionísio Torres (0,832), Guararapes (0,865), Meireles (0,916), Mucuripe (0,735) e Varjota (0,734). A Regional V, onde está o bairro Bom Jardim, que apresentou IDHM de 0,403, é a mais populosa das regiões administrativas de Fortaleza com 21,15% da população total, apresentando, no entanto, dos 17 bairros que a compõem, 10 com o IDHM muito baixo (FORTALEZA EM NÚMEROS, 2007).

Tabela 3 – Fortaleza: bairros, área, população e domicílios, conforme Região Administrativa – 2002

Região Administrativa	Quantidade de bairros	Área (ha) Quantidade	% do total	População Quantidade	% do total	Quantidade de domicílios
I	15	2.538.20	7,57	340.134	15,88	100.044
II	21	4.933.90	14,72	311.842	14,56	75.056
III	16	2.777.70	8,29	340.516	15,90	101.173
IV	19	3.427.20	10,23	259.831	12,14	77.749
V	18	6.346.70	18,94	452.875	21,15	131.960
VI	27	13.492.80	40,25	436.204	20,37	136.956
TOTAL	116	33.516.5	100	2.141.402	100	662.938

Fonte: cálculos elaborados pela PMF-SEPLA, com base nos dados do IBGE (2016)

---

[10] No ano de 2019, foi aprovado um Projeto de Lei que reorganizou essa divisão instituindo 12 Secretarias Regionais.
[11] O IDHM foi elaborado pela Prefeitura Municipal de Fortaleza, que utilizou como parâmetro dados referentes a anos de estudo, população alfabetizada e rendimento (do chefe de família).

Muitos desses bairros de Fortaleza configuraram-se recentemente, a exemplo do Bom Jardim, que teve origem por volta dos anos 1970. Eles constituem, em sua maioria, o que se convencionou chamar de periferia, onde predomina uma população pobre em condições desfavoráveis em relação à presença de infraestrutura como água, esgoto, transporte público. Essa urbanização periférica está vinculada à segregação socioespacial que, como vimos, caracteriza a urbanização brasileira. A segregação socioespacial é um processo que se dá segundo a classe social a que o indivíduo pertence e se caracteriza pela produção de um espaço onde são evidentes na paisagem urbana as desigualdades relacionadas ao acesso ao solo urbano. Corrêa (2001) compreende a segregação como um fenômeno inerente ao espaço urbano, relacionado à questão residencial, que se encontra, por sua vez, imbricado com a reprodução da força de trabalho. Apoiado em Castells, na obra *A questão urbana*, ele considera que a segregação origine uma organização espacial, opondo áreas de forte homogeneidade social interna, o que enseja disparidade social entre elas[12].

---

[12] Não obstante a discussão sobre periferia ser uma constante, tanto no âmbito da Ciência Geográfica quanto em outros campos científicos, faz-se pertinente inferirmos sobre a dificuldade de conceituá-la, uma vez que a dinâmica da produção espacial situa em constante debate o referido conceito.

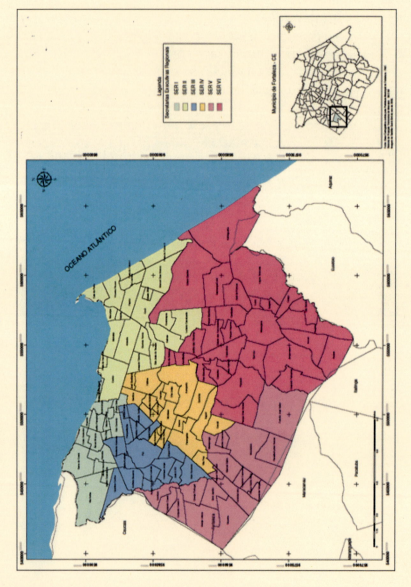

Mapa 2 – Fortaleza e sua divisão em Secretarias Executivas Regionais

Fonte: PMF (2016)

As diferenças sociais entre essas áreas estão relacionadas à diferença de capacidade que cada grupo social tem em pagar pela residência que ocupa e refletem a distribuição de renda da população, de um lado, e de outro, a maior ou menor qualidade da residência em termos de acessibilidade e de amenidades. Essa diferenciação espacial, na localização residencial, reflete, desta feita, um diferencial de valor da terra que, portanto, está relacionada ao poder aquisitivo das pessoas (CORRÊA, 2001). Ou seja, trata-se aqui muito mais de uma periferia social do que geométrica, que está complemetamente vinculada à reprodução do modo de produção capitalista, com impactos no cotidiano da população.

Com efeito, verifica-se que a segregação socioespacial guarda intensa ligação com a reprodução do indivíduo, dependendo da posição que ocupa na esfera produtiva. Villaça (2001 p. 142) ensina que "a segregação é um processo segundo o qual, diferentes classes ou camadas sociais tendem a se concentrar cada vez mais, em diferentes regiões gerais ou conjunto de bairros da metrópole", ou para além desta, como podemos constatar na dinâmica socioespacial mais recente da RMF.

Ainda segundo Vilaça, o mais conhecido padrão de segregação das metrópoles brasileiras é o de centro x periferia, sendo o centro um local mais bem-dotado da maioria dos serviços urbanos, públicos e privados e ocupado pelas classes de mais alta renda, enquanto a periferia caracteriza-se por ser subequipada e longínqua, ocupada predominantemente pelás classes de menor poder aquisitivo.

Para Harvey (1975, p. 362-363), citado por Corrêa (2001, p. 133-134), a diferenciação residencial deve ser interpretada "[...] em termos de reprodução das relações sociais dentro da cidade capitalista", uma vez que, segundo ele, "[...] as áreas residenciais fornecem meios distintos para a interação social". Garante ainda, que é "[...] a partir disso que os indivíduos derivam seus valores, expectativas, hábitos de consumo, dentre outras coisas, ou seja, a segregação residencial significa diferenciação de renda real", que é explicada como:

> [...] proximidade às facilidades da vida urbana como [acesso] a água, esgoto, áreas verdes, melhores serviços educacionais e ausência de proximidade a [...] crimes, serviços educacionais inferiores, ausência de infra-estrutura etc. Se já existe diferença de renda monetária, a localização residencial implica em diferença maior ainda no que diz respeito a renda real (HARVEY, 1975 *apud* CORRÊA, 2001, p. 134).

Não consideramos a periferia como parte de uma realidade que é a da cidade caótica ou desordenada, mas como expressão e parte das formas de apropriação, propriedade e posse do território, do espaço, das riquezas naturais, dos meios de produção e fruto das relações sociais (RODRIGUES, 2008).

Compreendemos, como Paviane (2006), que a periferia constitui materialização de mecanismos de exclusão/segregação, tais como: habitações insuficientes e de má qualidade, inexistência de infraestruturas, baixa possibilidade de acesso rápido e confortável aos lugares de trabalho, malha viária e equipamento de transporte coletivo deficientes etc., definição essa em consonância com a realidade do Bom Jardim, fruto do processo histórico de produção do espaço urbano de Fortaleza, que traz a segregação socioespacial. O bairro carece de serviços essenciais, como saúde, educação, saneamento básico, transporte público, entre outros, que mesmo existentes não suprem adequadamente a demanda de seus moradores.

Para nós, isso é dialético, pois o movimento de constituição de um bairro destinado a pessoas com um padrão de vida elevado enseja, pelos mesmos processos, a segregação daqueles com um menor poder aquisitivo, não caracterizando, portanto, movimentos isolados, pois é a mesma cidade com uma dinâmica que produz a igual tempo riqueza e pobreza.

No caso de Fortaleza, foi, sobretudo, a partir de 1930, que começou a haver diferenciação espacial e segregação residencial, o que se acentuou nos anos de 1970, porém, com características espaciais diferenciadas. Na década de 1930, houve o surgimento das primeiras favelas, e em 1970 verifica-se que essa diferenciação espacial esteve atrelada à formação de centros secundários. As camadas populacionais detentoras de um maior poder aquisitivo que, em princípio, ocupavam o centro da cidade foram se deslocando, no final do século XIX e início do XX, para os bairros Jacareacanga e Benfica, o primeiro localizado ao oeste de Fortaleza. Quando, porém, em 1930, o número de imigrantes se acentuou e indústrias foram instaladas na avenida Francisco Sá, os mais ricos se deslocaram gradativamente para o bairro Aldeota, adotando-o como lugar de moradia. Naquele momento, tornou-se mais evidente o processo de segregação socioespacial que já vinha se esboçando com a formação de bairros mais elitizados, como Jacarecanga e Benfica, e de favelas na zona oeste de Fortaleza.

A expansão de Fortaleza também foi acompanhada por um movimento de descentralização nos setores comercial e de prestação de serviços. O Centro, que por volta de meados do século XX assumia o papel de único centro comercial da cidade, passou a dividir essa função com outros bairros, como Aldeota e Montese, que hoje se comportam como estruturados corredores comerciais e de prestação de serviços.

Na década de 1970, a Aldeota passou a abrigar não só moradias de luxo, mas também comércio, serviços e atividades administrativas, quando ocorreu um processo de descentralização em Fortaleza com a formação de subcentros comerciais e de serviços, a exemplo não só deste, mas também do bairro Montese.

Reforçando o exposto há pouco, a valorização do bairro Aldeota e, também, dos bairros Meireles e Iracema favoreceu a formação de áreas distintas no conjunto do tecido urbano, voltadas para a classe média e àquela de maior poder aquisitivo. "Para tanto, o Estado e o setor imobiliário atuaram diretamente na produção e valorização fundiária, especialmente a leste e sudoeste de Fortaleza" (SOUSA, 2006, p. 152). Concomitantemente, as zonas residenciais se afastam do centro tradicional, configurando-se a segregação espacial com o predomínio dos estratos de renda mais baixa nas porções sudoeste e sul da cidade.

Já a classe média, que cresceu substancialmente nas décadas de 1960 e 1970, com as políticas públicas de desenvolvimento no Brasil, aos poucos foi se concentrando em bairros como Joaquim Távora, Fátima, Benfica e Parquelândia. Aldeota e Meireles, assim como Varjota e Papicu, passaram a abrigar essa nova classe média, porém inicialmente em decorrência, sobretudo, das políticas habitacionais do Banco Nacional da Habitação (BNH) e, mais recentemente, atraídas pelo acesso mais fácil ao crédito concedido pelas instituições bancárias na aquisição da casa própria. Essa expansão da classe média levou a uma intensa verticalização de Fortaleza, concentrada, sobretudo, nos três primeiros bairros citados.

O movimento de descentralização nos setores comercial e de prestação de serviços que se deu nos anos 1970, já referenciado por nós, não ocorreu somente atrelado às necessidades da população de maior poder aquisitivo, haja vista o surgimento de outros bairros além dos já citados, que passaram a concentrar atividades comerciais e de prestação de serviços voltados para a população de menor poder aquisitivo. Também os bairros Conjunto Ceará e Parangaba, guardadas as devidas proporções, no que tange a essa função centralizadora, foram indicados pela população que habita a periferia sudoeste de Fortaleza, incluindo aí a população do Bom Jardim.

O atual bairro Conjunto Ceará, que abriga um considerável número de estabelecimentos comerciais e de prestação de serviços, foi resultado, ainda, dos investimentos do BNH[13] em casas populares que, dado o elevado número de moradias, foi construído em áreas mais distante daquelas de maior valorização. Inicialmente os conjuntos habitacionais foram direcionados para as áreas periféricas da cidade que, em princípio, não apresentavam serviços urbanos e infraestrutura adequada, o que provocou, por parte da população que os habitava, reivindicações constantes. Além do mais, é importante destacar o fato de que muitas famílias de baixa renda ficaram excluídas do acesso à moradia originária dessa política habitacional, o que as levou a ocupar terrenos inadequados como a margem de corpos hídricos, as dunas litorâneas, as áreas de mangues, entre outras.

O bairro Parangaba, por sua vez, caracteriza-se por ser um importante ponto de conexão na cidade, ligando os bairros localizados tanto na porção leste e oeste quanto norte a sul, funcionando, ainda, como ponto entre o Centro da cidade e os municípios de Maracanaú e Maranguape, ambos integrantes da RMF. Os equipamentos de comércio e serviços, destacando-se os de saúde, educacionais e institucionais, encontram-se ao longo de seus principais corredores formados pelas avenidas: José Bastos, João Pessoa, Osório de Paiva e Dedé Brasil (LOPES; SILVA, 2006).

Como se verifica, tanto o Conjunto Ceará quanto a Parangaba passam a ser atrativos, haja vista a concentração de serviços públicos e a presença de uma considerável estrutura comercial e de prestação de alguns serviços básicos (agências bancárias, escolas e clínicas médicas), conformando-se como importantes áreas que exercem centralidade para a população da periferia sudoeste de Fortaleza. Muitas vezes a população que se encontra restrita ao direito de ir e vir, não tendo a possibilidade de efetivar seus deslocamentos para outros bairros da cidade, encontra nestes uma alternativa, já que a possibilidade de deslocar-se por bicicleta ou a pé torna-se mais viável.

Quanto ao Centro da cidade, apesar da descentralização, convém destacar que ele continua a ser um espaço dinâmico com grande oferta e variedade de produtos nacionais e importados sendo vendidos por atacado, mas sobretudo a varejo, além do que, nos últimos anos, tem sido o local que

---

[13] Na década de 1970, com base na política do BNH, com recursos do FGTS para financiar habitações populares para tentar responder às pressões populares, vários conjuntos habitacionais foram construídos em Fortaleza, o primeiro foi implementado na zona oeste da cidade e denominado de Prefeito José Walter, no bairro Mondubim, entre 1967 e 1970. Depois vieram: Cidade 2000, Conjunto Ceará, Beira Rio, Nova Assunção, entre outros (SOUSA, 2006).

mais concentra os trabalhadores informais da cidade. Esses trabalhadores vendem uma variedade de produtos, como bolsas, cintos, bonés, antenas de TV, borracha para panela de pressão, relógios, brinquedos dos mais variados, flores artificiais, perfumes, entre outros. Os produtos que mais se destacam, no entanto, nesses últimos anos, como mercadorias vendidas por esses trabalhadores, são os CDs e DVDs piratas, tendo inclusive surgido na imprensa local o destaque para a notícia de que um grande esquema envolvendo importantes empresários estaria por trás desse tipo de comércio, fato que está sendo apurado pelas autoridades.

O fato é que o Centro de Fortaleza é hoje ocupado e requisitado com maior frequência pela população de menor poder aquisitivo, que tem nele seu local de trabalho, sobretudo, e de consumo de bens e serviços. Inclusive o Centro foi apontado como um dos principais locais de trabalho dos moradores entrevistados no bairro Bom Jardim, mesmo considerando a centralidade que exercem Aldeota, Papicu, Parangaba e o bairro de Fátima para seus moradores, que têm também nesses bairros seu local de trabalho. Os entrevistados que trabalham no Centro da cidade informaram desempenhar atividades de serviços gerais, segurança e vigia, além daqueles que trabalham como feirantes, conforme detalharemos no capítulo quatro.

2.1.1 Bom Jardim: de espaço com características rurais a bairro de Fortaleza

O bairro Bom Jardim, como tantos outros da capital, tem origem na esteira da periferização, intensificada na década de 1970, quando a cidade passou por uma descentralização de suas funções. Foi um fenômeno que já vinha se esboçando nas décadas anteriores, em razão, entre outras, da pressão migratória que alimentou seu crescimento. Caracterizado como um bairro periférico, o Bom Jardim revela uma realidade difícil para aqueles que o habitam, pois sua infraestrutura é inadequada e apresenta um dos maiores índices de criminalidade entre os bairros de Fortaleza.

É sabido que as cidades, do ponto de vista de sua estrutura física, se expandem à medida que espaços outrora rurais são incorporados ao urbano, sobretudo em loteamentos para fins de moradia. Além disso, "essa passagem brusca do rural para o urbano representa um mecanismo utilizado pelos municípios para arrecadar mais impostos o que provoca o parcelamento desordenado do solo urbano" (SILVA, 1992, p. 32).

No Bom Jardim não foi diferente, uma vez que na área que corresponde ao atual bairro eram praticadas a pecuária e a agricultura de subsistência, portanto, um espaço com características ainda rurais[14] até a década de 1950. Por volta desse período, os donos dessas terras rurais colocaram-nas à venda e os novos proprietários submeteram seus patrimônios a loteamentos, comercializando suas terras (em forma de lotes) sob a gerência de imobiliárias que cobravam preços razoavelmente acessíveis, o que de certa forma possibilitou fixar a população migrante. Alguns desses imóveis, fruto dos loteamentos, foram comprados pela Caixa Econômica Federal, que construiu casas a preços populares, com o objetivo de atender às novas demandas populacionais de Fortaleza.

Concomitantemente à aquisição desses lotes, para a construção de moradias, ocorre que parte da população que chegava à cidade não tinha condição de adquirir um lote de terra para construir sua habitação, passando a ocupar as áreas menos salubres do bairro, a exemplo dos locais próximos aos corpos hídricos existentes na área (afluentes do rio Maranguapinho).

Além da população oriunda do movimento campo-cidade, a formação do bairro se deu por conta da mobilidade constante entre bairros de Fortaleza, ou seja, por pessoas que moravam em outros bairros e foram para o Bom Jardim, o que em última instância também é de migrantes. Acredita-se que provavelmente essa mobilidade tenha sido resultado da expulsão de bairros mais centrais por conta dos processos constantes de reestruturação urbana.

Até a década de 1950, a área que hoje forma o Bom Jardim (Mapa 3), como explicitado anteriormente, tinha as características de uma zona rural. Não havia ruas, as casas eram distantes uma das outras e tudo era coberto por mato. O nome Bom Jardim, que recebeu o bairro, foi uma alusão a inúmeras árvores frutíferas e flores existentes no lugar. Essa denominação lhe foi atribuída por João Gentil, proprietário de uma imobiliária em Fortaleza (FRANÇA, 1996).

---

[14] Há indícios de que, anteriormente a este uso, a área pertencia a povos indígenas que, além das atividades agrícolas, produziam artesanato (DSPGB, 2004).

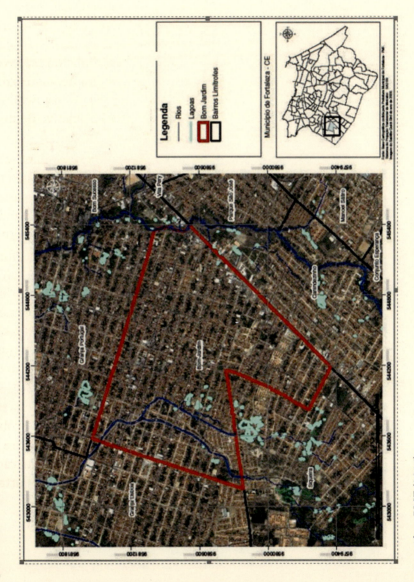

Mapa 3 – Mapa de localização do bairro Bom Jardim, Fortaleza-Ceará

Fonte: Base cartográfica, PMF (2016)

Nas décadas de 1970 e 1980, ampliou-se consideravelmente a demanda por imóveis no Bom Jardim para fins de moradia por parte dos segmentos que chegam à cidade na busca de melhores condições de vida. É justamente nesse período que a zona sudoeste de Fortaleza e, consequentemente, esse bairro experimentaram um processo intenso de ocupação de seu interior. Como explicita Silva (1992, p. 64):

> A zona sudoeste, mesmo não possuindo a infra-estrutura necessária, percentual significativo da população tem sido orientada para ocupá-la, provocando o avanço da malha urbana da capital para os municípios vizinhos. A ausência dessa infra-estrutura tem criado sérios problemas à população, com o agravante de que são os segmentos demográficos de salários mais baixos.

Consideramos importante destacar, como já citado, o fato de se, no primeiro momento, a população que habitou o bairro foi oriunda do êxodo rural, mais recentemente, as pesquisas indicam que o movimento populacional tem origem em outros bairros da periferia de Fortaleza, caracterizando-se por um movimento entre bairros, sobretudo aqueles situados em áreas consideradas periféricas. Esse assunto será mais bem explicitado na seção em que caracterizamos a população do bairro Bom Jardim.

Conforme entrevistas realizadas no referido bairro (dados de 2004), a maioria dos moradores eram pessoas originárias dos bairros limítrofes que compõem a Secretaria Executiva Regional V, da qual ele faz parte, sendo 50% da população que o habitava proveniente de outros bairros de Fortaleza, destacando-se como os mais significativos: Canindezinho (17,42%), Granja Portugal (10,61%), Granja Lisboa/Santa Cecília (9%) e Parque São José (5%) (Gráfico 1).

Gráfico 1 – Procedência dos moradores do bairro Bom Jardim em relação a outros bairros de Fortaleza

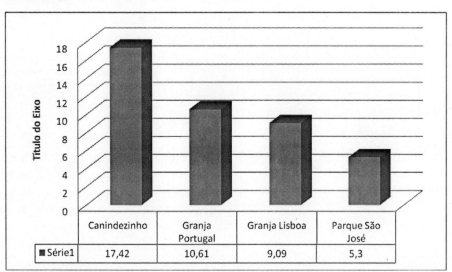

Fonte: DSPGBJ (2004)

Esse dado, já revelado na pesquisa "Diagnóstico socioparticipativo do Grande Bom Jardim" (2004), demonstra que a população pesquisada não logra acesso a moradias em outras áreas da cidade, a não ser a própria periferia, o que demonstra o caráter segregador na apropriação do espaço que se reproduz, mantendo a desigualdade inerente à produção da cidade.

O bairro Bom Jardim foi se configurando como periférico, comportando todas as características presentes nas periferias das grandes cidades brasileiras, entre estas Fortaleza. No Brasil, em geral, as periferias não necessariamente geométricas, mas sobretudo sociais, que abrigam a população pobre são quase sempre lembradas como áreas onde falta infraestrutura, bem como por suas mazelas sociais, como marginalidade, violência etc., o que repercute sobremaneira na vida dos moradores que sofrem com o estigma dos bairros do "vixe".

Não é difícil explicar esse estigma, quando alguém pergunta a outra pessoa "Onde você mora?" e o outro responde: "Moro no Pirambu" ou "Moro no Bom Jardim", por exemplo, o interlocutor reage de modo estigmatizado e preconceituoso, usando a expressão "Vixe!".

Não raro ocorre de moradores do bairro Bom Jardim omitirem o fato de ali residirem por medo de serem vítimas de preconceito. Acontecem até mesmo alguns casos de moradores se queixarem de perderem oportunidades de emprego em virtude de residirem ali. De certo modo, esse estigma tem relação com a precarização dos meios de sobrevivência, em geral, aos quais estão submetidos os moradores das periferias pobres das grandes cidades brasileiras, fruto de uma urbanização perversa que exclui e segrega.

Por outro lado, convém destacar que não estamos aqui reforçando uma visão negativista do bairro, uma vez que o Bom Jardim também se destaca por contar com a força de sua população na luta cotidiana por seus direitos e na procura de estratégias de sobrevivência.

O bairro Bom Jardim abrigava, em 2010, uma população de 37.758 habitantes, 48,15% homens e 51,85% mulheres, distribuídos em 10.462 moradias, com uma média de quatro habitantes por domicílio (IBGE, 2010). A proveniência desses habitantes também foi alvo de nossas investigações em campo, destacando-se em primeiro lugar o movimento migratório dessa população e, em seguida, a mobilidade residencial que de certa forma reafirma a mobilidade residencial restrita aos bairros da própria periferia. Para proceder a essa análise, fizemos uso de parte dos dados coletados em nossa pesquisa de campo.

As reflexões tanto sobre o movimento campo-cidade quanto a respeito da mobilidade residencial dos moradores pesquisados do Bom Jardim, além de colaborarem com a caracterização dessa população, ganham destaque na medida em que contribuem para a compreensão da dinâmica da produção do espaço urbano periférico de Fortaleza. Na década de 1970, bairros como este foram se formando, com a fixação de pessoas provenientes do êxodo rural que produziram seus espaços na periferia da cidade, haja vista a pouca valorização dos terrenos, o que possibilitou o acesso ao solo urbano e, consequentemente, menores custos de habitação, não obstante a falta de infraestrutura, característica presente na periferia de nossas grandes cidades.

As informações que seguem referem-se às famílias entrevistadas em nossos trabalhos de campo, levando em consideração a amostra total, destaca-se que estas de fato nem sempre moraram no Bom Jardim. Objetivamos demonstrar a proveniência das famílias pesquisadas, independentemente do período de moradia no bairro. Deste total, 42%, antes de morarem no Bom Jardim, moravam em outros bairros de Fortaleza, 41% vieram do restante do estado e 17% de outros municípios da RMF (Gráfico 2).

Gráfico 2 – Procedência das famílias pesquisadas

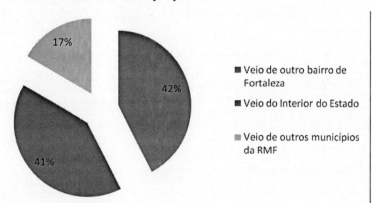

- Veio de outro bairro de Fortaleza
- Veio do Interior do Estado
- Veio de outros municípios da RMF

Fonte: a autora (2010)

No Gráfico 2, é possível perceber que cerca de 42% dos entrevistados foram provenientes de outros bairros de Fortaleza, muitos dos quais pertencentes à Secretaria Executiva Regional V, onde se insere o Bom Jardim. Os nomes desses bairros podem ser observados nos dados do gráfico seguinte.

Constata-se, todavia, que alguns moradores vieram também de bairros considerados elitizados, como Aldeota e o bairro de Fátima (Gráfico 3). Essa informação corrobora a questão exposta na apresentação desta obra, na qual afirmávamos haver bairros, em Fortaleza, onde se observam, lado a lado, casarões ou prédios residenciais luxuosos e comunidades pobres, o que, repetimos, não descaracteriza o caráter de segregação socioespacial da cidade. A mobilidade residencial constatada em campo, dessa população, assevera que o processo de segregação socioespacial se reafirma na medida em que essas famílias não conseguem permanecer nos bairros nobres, precisando buscar a periferia como lugar de moradia.

Gráfico 3 – Mobilidade residencial dos moradores pesquisados: último bairro onde moraram antes do Bom Jardim

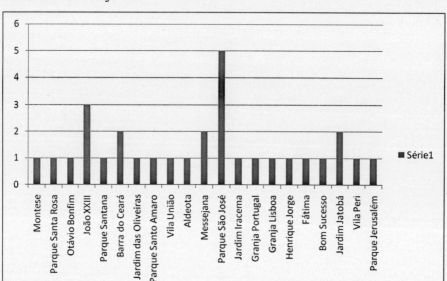

Fonte: a autora (2010)

Ainda levando em consideração o Gráfico 2, quando focamos as famílias que vieram de outros municípios do estado, representados por significativos 41%, verificamos que há proveniência de cidades consideradas de médio porte, como Sobral, mas também de Canindé, na mesorregião norte cearense, e Paracuru, no litoral, que também se destacaram na pesquisa. O Mapa 4, assim como o Gráfico 4, ilustra o movimento migratório das famílias entrevistadas do Bom Jardim, nele é possível se identificar, conforme a divisão do estado em Macrorregiões de Planejamento[15] (IPECE), que a origem dessas famílias está vinculada às macrorregiões: Litoral Oeste, Sobral/Ibiapaba, Sertão Central, Baturité e Cariri/Centro Sul. Essa informação demonstra que as famílias que migraram para Fortaleza partiram não só do sertão, mas também do litoral e de áreas serranas.

---

[15] 1 – RMF; 2 – Litoral Oeste; 3 – Sobral/Ibiapaba; 4 – Sertão dos Inhamuns; 5 – Sertão Central; 6 – Baturité; 7 – Litoral Leste/Jaguaribe; 8 – Cariri/Centro Sul

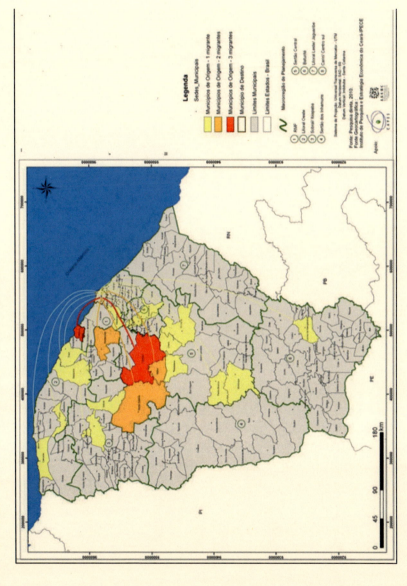

Mapa 4 – Movimento migratório das famílias entrevistas no Bom Jardim

Fonte: a autora (2010)

Consideramos que a constatação da proveniência da população, em um dado período, de variados municípios do Estado, tanto do litoral como da serra e do sertão (Gráfico 4), reforça a tese de estudiosos da urbanização cearense, ao afirmarem que um percentual significativo de famílias que chegam a Fortaleza são procedentes de migrações e que, chegando à cidade, se instalam em bairros periféricos.

Gráfico 4 – Mobilidade residencial das famílias entrevistadas provenientes do interior do Estado

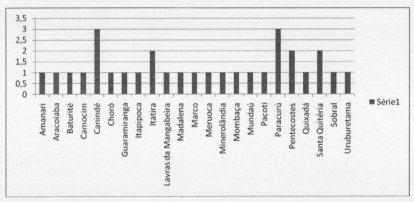

Fonte: a autora (2010)

Constatou-se, ainda, que muitas das famílias pesquisadas que vieram do interior do Ceará moraram antes de se instalarem no Bom Jardim em outros bairros também situados na periferia de Fortaleza. Observa-se que a mobilidade espacial entre bairros, em princípio, não está atrelada a uma mobilidade social, uma vez que essa população mantém o mesmo padrão de vida, no entanto, consideramos que a mobilidade espacial relacionada com a mobilidade social exige estudos mais aprofundados.

Gráfico 5 – Bairros anteriores ao Bom Jardim onde residiram as famílias provenientes do interior do Estado

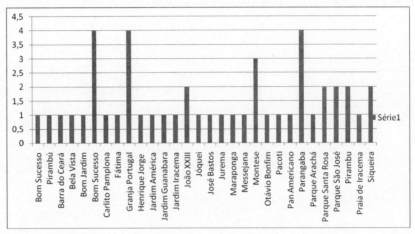

Fonte: a autora (2010)

Por fim, dos 17% das famílias pesquisadas que residiam em outros municípios da RMF, antes de residirem no Bom Jardim, constatamos que 57% vieram de Maracanaú, 29% de Maranguape e 14% de Caucaia. No Mapa 5, é possível observar os outros municípios da RMF e entre eles os que mais se destacaram.

Mapa 5 – Procedência na RMF de famílias entrevistas do BJ

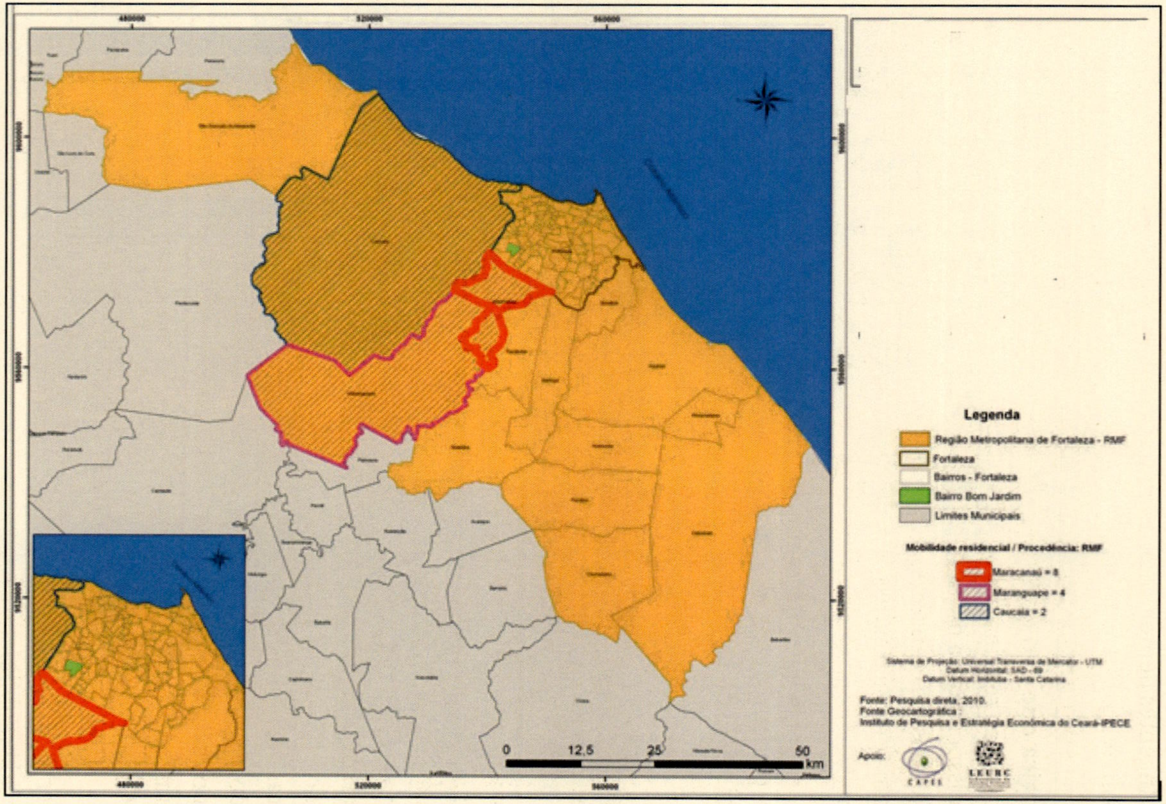

Fonte: a autora (2010)

No que tange aos municípios citados, já era de se esperar, isso não só em razão da proximidade relativa, que constitui fator de explicação, mas, sobretudo, pelo fato de esses municípios apresentarem, na RMF, elevados contingentes demográficos e grande número de pessoas que neles moram, trabalhando e/ou estudando em Fortaleza.

Lago (2000) considera que há dois pontos de ordem teórico-metodológica que não devem ser menosprezados quando refletimos sobre a mobilidade residencial. Primeiramente, a mobilidade espacial dos homens é indissociável da mobilidade espacial dos bens de consumo e de produção, de capitais, de empresas, de tecnologia e de informações. Em segundo lugar, acentua que há uma associação quase sistemática da mobilidade residencial a dois outros tipos de mobilidade: a profissional e a social.

Suas proposições estão relacionadas à mobilidade residencial provocada pela mobilidade da força de trabalho que, por sua vez, está atrelada à mobilidade do capital. Assim como Gaudemar (1977), Lago chama a atenção para o fato de que a mobilidade não deve ser encarada apenas como deslocamento, devendo ser compreendida com base nos processos que a ensejam e, desta forma, torna-se possível compreender suas consequências na estruturação espacial.

Prosseguindo, a autora acima citada exibe três vertentes de análise para a mobilidade residencial que se dá na escala intraurbana, acentuando que: a primeira centra-se nas regularidades dos padrões de mobilidade, numa abordagem descritiva que não busca os fatores explicativos do fenômeno estudado, caracterizando-se como uma leitura ecológica do espaço urbano, na qual a cidade é fracionada em áreas totalmente homogêneas em termos de renda, ocupação, tipo de residência, etnia, ciclo de vida, entre outras variáveis. A autora observa ainda que, segundo essa fonte, a segregação espacial resulta essencialmente do diferencial da capacidade de cada grupo social em pagar pela residência que ocupa: "A mobilidade residencial, portanto, reproduz permanentemente o padrão de segregação existente" (LAGO, 2000, p. 48).

A segunda vertente de análise apresentada por ela, como pode ser observado em suas próprias palavras, não leva em conta o contexto da referida mobilidade residencial, já que se pauta por um conjunto de dados estatísticos, sendo assim:

> [...] reúne um conjunto de estudos estatísticos, em sua maioria americanos, centrados nos modelos causais de correlação entre

diferentes variáveis tais como características socioeconômicas, demográficas, habitacionais e os deslocamentos espaciais. Esses estudos se utilizam, normalmente, de dados agregados (como censo demográficos), que permitem observar o padrão geral de mobilidade, percebido como o resultado coletivo das decisões individuais de mudar de residência. Buscam a conexão entre a demanda e a oferta de habitação, procurando estabelecer uma correspondência entre padrões sociais e habitacionais e taxas de mobilidade residencial (LAGO, 2000, p. 49).

Para explicar a terceira vertente, Lago ressalta que se vincula à pequisa de base quantitaiva e qualitativa, levando em consideração a trajetória residencial das famílias:

> [...] a mobilidade residencial é um fenômeno demográfico, centrando- se em estudos que se originam em duas problemáticas para analisar a especificidade dos comportamentos demográficos nas cidades: a influência do quadro urbano sobre a mobilidade e a contribuição da mobilidade para o perfil dos bairros e unidades urbanas, vertente que teve maior representatividade na França e que buscou articular métodos qualitativos e quantitativos, baseados em análises longitudinais da mobilidade que permitem traçar a trajetória residencial das famílias em direção à cidade e em seu interior ao longo do tempo (BOVALET; MAISON *apud* LAGO, 2000, p. 50).

A mobilidade residencial das famílias pesquisadas no bairro Bom Jardim confirma o fato de que considerável número destas proveio do movimento campo-cidade e que, no entanto, atualmente, a mobilidade é predominantemente residencial na metrópole ou em sua região. Em geral, esse tipo de mobilidade é mais comum entre aquelas famílias que ainda não conseguiram adquirir a casa própria, do que como consequência do êxodo rural que favoreceu o crescimento urbano em momentos pretéritos. Atualmente, mais de 80% da população cearense vive nas cidades. O êxodo rural arrefeceu, provocando a diminuição da mobilidade rural-urbana, mas ainda ocorre, só que em menor proporção. Outro dado relevante é que o censo realizado no ano 2000 apontava a existência de 8.037 domicílios no Bom Jardim, o censo seguinte apontou um incremento de 2.425 residências, chegando a um total de 10.462 domicílios (IBGE).

Ressaltamos que, das 134 famílias pesquisadas, 21% não residem em casa própria (Gráfico 2), enquanto 79% declararam ser proprietárias de suas residências.

Gráfico 6 – Condição da moradia das famílias entrevistadas

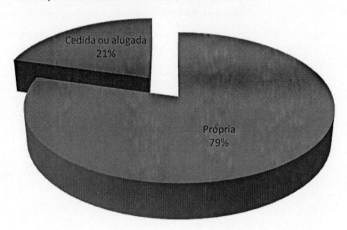

Fonte: a autora (2010)

No que tange ao tempo de moradia no bairro, cerca de 42% das pessoas que moram em casa alugada ou cedida alegaram sempre terem residido no Bom Jardim, 15% disseram ser procedentes do interior do Estado, 35% disseram ter vindo de outros bairros de Fortaleza e 8% de municípios da região metropolitana.

É perceptível o fato de que as famílias pesquisadas exercem mobilidade residencial dentro do próprio bairro, como pode ser observado na Tabela 8, que representa um cruzamento de dados correspondentes ao tempo de moradia na atual residência em relação ao tempo de moradia no bairro Bom Jardim.

Na pesquisa foi possível detectar famílias que residem há 50 anos no bairro, mas há somente sete meses viviam na atual residência ou aqueles que moram há 38 anos no bairro e somente há cinco anos na residência atual. Com suporte nos exemplos detectados, constata-se que há relativa e, ao mesmo tempo, recorrente mobilidade residencial dentro do próprio bairro, perceptível quando enfocamos esse grupo de moradores pesquisados.

Acreditamos que a mobilidade residencial não se deu, de todo modo, pelo acesso à casa própria, uma vez que aqueles que vivem em casa alugada mudam-se, em geral, para outro imóvel na mesma condição, ou seja, alugado. Foi possível detectar, ainda, a existência de famílias que se mudaram recentemente para o bairro e que residem há apenas um ano e oito meses, tendo vindo diretamente de outros municípios do Estado (Tabela 4).

Tabela 4 – Mobilidade residencial das famílias pesquisadas que não possuem casa própria: relação entre tempo de moradia na atual residência e tempo de moradia no bairro

Condição da moradia	Tempo de moradia na atual residência	Tempo de moradia no bairro Bom Jardim
Alugada	5 anos	38 anos
Alugada	7 anos	14 anos
Cedida	10 anos	10 anos
Alugada	5 anos	6 anos
Alugada	1 ano	5 anos
Alugada	3 anos	37 anos
Cedida	2 anos	33 anos
Alugada	1 ano	22 anos
Alugada	1 ano	Não informado
Cedida	6 meses	26 anos
Alugada	1 ano	5 anos
Alugada	6 meses	Não informado
Alugada	1 mês	1 mês
Alugada	4 meses	Não informado
Alugada	4 meses	9 anos
Alugada	2 meses	20 anos
Alugada	5 meses	14 anos
Cedida	8 anos	15 anos
Alugada	6 anos	8 anos
Alugada	8 meses	8 meses
Alugada	7 meses	50 anos
Alugada	10 anos	10 anos
Alugada	1 mês	14 anos
Alugada	6 anos	6 anos
Alugada	2 anos	4 anos
Alugada	2 anos	3 anos
Cedida	12 anos	26 anos

Fonte: a autora (2010)

No que diz respeito a 79% de famílias pesquisadas que possuem casa própria, ressaltamos que, destas, 53% nem sempre residiram no Bom Jardim, 23% foram oriundas do interior do estado, 16% vieram de outros bairros de Fortaleza, enquanto 8% são provenientes de outros municípios da região metropolitana em contraposição a 47% que alegaram sempre terem residido no bairro.

De acordo com a amostra, ou seja, os 134 questionários aplicados e levando em consideração o fator tempo de moradia no bairro, percebe-se que aproximadamente um quarto (24%) das famílias entrevistadas reside no bairro há pelo menos 10 anos. O maior número de famílias entrevistadas (75%), no entanto, já reside no bairro há no mínimo 11 anos (Gráfico 7).

Gráfico 7 – Tempo de moradia no Bom Jardim das famílias pesquisadas

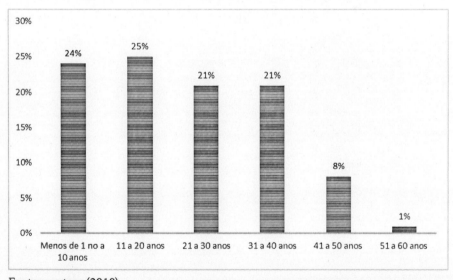

Fonte: a autora (2010)

A busca pela moradia na capital cearense, e sua permanência nesta, por essas pessoas, na maioria das vezes, se faz pela dificuldade de mobilidade cotidiana, vinculada a motivos como trabalho, estudo, lazer, entre outros. O fato é que a tarifa de transporte público intermunicipal é 39% mais cara do que a do transporte municipal de Fortaleza, tornando difícil até a contratação de trabalhadores que não moram na metrópole, haja vista a dificuldade de encontrar um empregador que arque com as despesas do vale-transporte diariamente.

Outro agravante é que os estudantes de outros municípios da RMF se encontram prejudicados por não serem reconhecidos como tais em Fortaleza, ou se moram em Maracanaú, por exemplo, e estudam em Fortaleza, precisam obter duas carteiras de estudantes referentes aos dois municípios, transtorno que poderia ser evitado caso houvesse integração física e tarifária[16] entre os municípios da RMF. Cotidianamente, a população do Bom Jardim entrevistada exerce mobilidade principalmente para os municípios metropolitanos de Maracanaú, Maranguape e Caucaia, por motivos de trabalho, estudou e/ou lazer (Gráfico 8).

Gráfico 8 – Mobilidade residencial dos moradores pesquisados do Bom Jardim – RMF

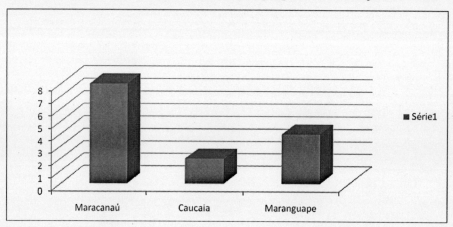

Fonte: a autora (2010)

A possível integração física e tarifária do transporte público coletivo por ônibus com o METROFOR suscita discussões em relação às concessões na exploração do serviço de transporte coletivo municipal e intermunicipal, enquanto a qualidade e a eficácia do sistema ficam em segundo plano. Isso acirra conflitos territoriais entre municípios, no que se refere ao transporte público, ensejando sérias dificuldades aos citadinos da RMF, levando-os a uma mobilidade restrita e, assim, a menos oportunidades de participação efetiva na vida da cidade e região metropolitana.

Finalizando a discussão sobre mobilidade residencial, destacamos que há no Bom Jardim áreas habitacionais destinadas às populações remanejadas

---

[16] A tão esperada conclusão do metrô de Fortaleza e a integração intermunicipal entre Maracanaú- Fortaleza-Caucaia, que são troncos ferroviários já existentes e que foram aproveitados na obra do referido metrô, far-se-á por uma integração entre os pontos de parada do metrô e o terminal de ônibus da Parangaba.

de outros bairros, que viviam em áreas consideradas de risco e que, por isso, tiveram acesso à casa própria por meio das políticas públicas de moradia, que não foram objeto desta pesquisa, mas que de certa forma ilustram a mobilidade residencial comentada. Essa população foi remanejada para blocos de apartamentos residenciais no bairro Bom Jardim[17].

Oficialmente, a Secretaria Executiva Regional V reconhece em seu território 21 áreas de risco (totalizando 7.673 famílias), das quais três estão inseridas no Bom Jardim, sendo elas: Canal Leste, com 784 famílias, Mela-Mela, com 205 famílias e o Pantanal do Parque Santo Amaro, com 188 famílias. Representantes da própria Regional, contudo, dizem que há no bairro outras três áreas de risco não cadastradas, mas que são assistidas quando ocorre alguma demanda por parte dessas comunidades. Acredita-se que tal situação desfavoreça ações adequadas ante os problemas que a ocupação das margens dos corpos hídricos proporciona à própria população, uma vez que, não mensurado o problema em todas as suas proporções, ficam difíceis ações efetivas por parte do Poder Público para sanar os problemas relacionados à questão ambiental, que é também social.

Ainda caracterizando a população do Bom Jardim, os dados socioeconômicos do último censo (IBGE, 2010) constantes na Tabela 5 indicam que 41,33% das pessoas, responsáveis pelo domicílio, não contavam com rendimento algum, enquanto 13,45% recebiam de um até dois salários-mínimos. Em contrapartida, é possível encontrar no bairro moradores com renda de até 20 salários mínimos, muito embora representados por apenas 0,01% daquela população. Isso leva a crer que, mesmo sendo um bairro onde predomina uma população de baixo poder aquisitivo, não se caracteriza como um bairro homogêneo, levando-nos a acreditar que a mobilidade, assim como o acesso aos mais diversos serviços e equipamentos coletivos, se dá de maneira desigual, dependendo da unidade familiar.

Essa consideração é muito importante para balizar nosso entendimento acerca da mobilidade exercida por esses moradores, além do que uma relativa disparidade de poder aquisitivo entre as famílias parece fomentar o grande número de assaltos ocorridos no bairro, fruto do poder simbólico

---

[17] Existe um conjunto concluído, denominado Leonel Brizola, que abriga 300 famílias, que vieram das áreas de risco da Regional III (provenientes dos bairros João XXIII e Henrique Jorge), além de outras que habitavam um trecho das margens do rio Maranguapinho. Há, ainda, outro residencial em construção, o Juraci Magalhães, que abrigará famílias também provenientes de outro trecho das margens do mesmo rio, que está passando por um processo de urbanização. Segundo a Defesa Civil da Secretaria Regional V, há mais um residencial programado para ser construído nas imediações do bairro, que abrigará as famílias que hoje habitam as margens do denominado açude da Viúva, corpo hídrico localizado dentro do bairro Bom Jardim.

que certas mercadorias (telefones celulares, tênis, relógios etc.) exercem no imaginário de parte da população que ali habita, fato comum também em outros bairros de Fortaleza e das grandes e médias cidades brasileiras.

Tabela 5 – Classe de rendimento nominal mensal da pessoa responsável pelo domicílio no bairro Bom Jardim

Rendimentos em salário mínimo	Pessoas responsáveis pelo domicílio (%)
Sem rendimentos	41,33
Até ½ salário	8,60
Mais de ½ a 1 salário	32,60
Mais de 1 a 2 salários	13,45
Mais de 2 a 5 salários	3,51
Mais de 5 a 10 salários	0,44
Mais de 10 a 20 salários	0,05
Mais de 20 salários	0,01

Fonte: IBGE (2010)

No que diz respeito à oferta de serviços essenciais, a exemplo do saneamento básico, verifica-se enorme carência no Bom Jardim, denotando a ineficiência das políticas públicas essenciais naquela área da cidade. Como pode ser observado na Tabela 6, parte expressiva, representada por mais de 75% dos domicílios, que fazem parte do bairro utiliza a fossa rudimentar para escoar seus dejetos, comprometendo sobremaneira o lençol freático. Ao caminharmos por suas ruas, verificamos que uma grande parte dos dejetos são jogados a céu aberto, agravando os conhecidos alagamentos durante a estação chuvosa e, consequentemente, provocando doenças na população.

Provavelmente a incidência de doenças como gripes, viroses, dengue, micoses e diarreias, destacadas pelos moradores como as mais frequentes, são agravadas, ou até mesmo, são consequência da falta de saneamento básico no bairro.

Cabe ressaltar, entretanto, que somente no ano de 2010 foi que a Companhia de Água e Esgoto do Ceará (CAGECE), começou a instalar o sistema de esgotamento geral, nesse e em outros bairros da periferia da cidade. Tais obras, no entanto, não significam que toda a população do bairro venha a se beneficiar desse serviço, isso porque o encanamento referente à parte interna das residências tem um custo que ocorrerá por conta do proprietário do imóvel que, em grande parte, não tem condições de arcar com as despesas referentes a esse serviço.

Ocorrem até mesmo casos de desinteresse em utilizá-lo, não somente por efetuar a ligação individual à rede pública, tanto pelo motivo exposto como, também, pelo dispêndio que o serviço acarretará na renda mensal familiar.

Tabela 6 – Domicílios particulares permanentes por tipo de esgotamento sanitário no bairro Bom Jardim

Tipo de esgotamento	%
Rede geral de esgoto ou pluvial	9,6
Fossa séptica	6,7
Fossa rudimentar	75,7
Vala	0,7
Corpos hídricos (rio, lago, mar)	1,0
Outro escoadouro	0,6
Não tinham banheiro nem sanitário	5,3

Fonte: IBGE (2000)

No que tange à busca de atendimento para resolver questões relacionadas à saúde, a Pesquisa Diagnóstica Socioparticipativa do Grande Bom Jardim[18] revelou que, quando os moradores ficam doentes, cerca de 53,41% recorrem a postos de saúde localizados em outros bairros de Fortaleza e 46,52% dirigem-se aos hospitais no centro da cidade (DSPGB, 2004). Os dados da referida pesquisa indicam a carência do serviço de saúde no considerado Grande Bom Jardim.

No caso especificamente do bairro Bom Jardim, nosso recorte empírico, o único posto de saúde não é suficiente para atender ao número de pessoas que o procuram, fato comum tanto em Fortaleza quanto nos municípios que fazem parte da RMF. Em nossa pesquisa de campo, contudo, ao indagarmos acerca da mobilidade para acesso a esse serviço, muitos

---

[18] A pesquisa em foco foi realizada pelo Centro de Defesa da Vida Herbert de Souza (CDVHS), em parceria com o grupo de Gestão Pública e Desenvolvimento Urbano (GPDU), da Universidade Estadual do Ceará, em 2004. Trata-se de um diagnóstico da área denominada Grande Bom Jardim, que considera como tal o conjunto constituído pelos bairros: Siqueira, Canindezinho, Granja Lisboa, Granja Portugal e o bairro Bom Jardim. A produção desse diagnóstico faz parte das atividades demandadas pelo Programa de Desenvolvimento Local Integrado e Sustentável (DLIS), desenvolvido pelo CDVHS, naquela porção da cidade de Fortaleza.

entrevistados informaram que a primeira opção é procurar o posto de saúde do bairro, na maioria das vezes em vão, porque não conseguem êxito (por causa do número reduzido de atendimentos e pela falta de profissionais suficientes na área de saúde). Com essa alegação, os moradores buscam outros bairros da cidade, destacando-se como os mais procurados o Centro, o Conjunto Ceará e a Parangaba.

Em campo, foi possível constatar ainda a existência de planos populares de saúde oferecidos à população do Bom Jardim. O mais citado foi o plano da Associação Sociedade Benemérito Cearense (SBC) Funerária, que disponibiliza serviços funerários e de saúde àquela população. O que nos chamou atenção foi o fato de essa empresa pertencer a um político local que recentemente abriu mais uma clínica no bairro.

A situação também é desfavorável quando analisamos os indicadores relacionados à educação. Expressivos 20% da população, considerando-se os responsáveis ou não pelos domicílios, ou não tiveram acesso a instrução formal ou cursaram menos de um ano de escola. A Tabela 7 aponta que a maior parte dos responsáveis pelos domicílios possui baixo grau de instrução. Esse fato tem relação direta na ocupação e, consequentemente, no rendimento dessa população. Essa discussão será retomada no capítulo referente à análise dos moradores entrevistados no bairro Bom Jardim.

Tabela 7 – Percentual de domicílios particulares permanentes por anos de estudo da pessoa responsável

Anos de estudo da pessoa responsável pelo domicílio	Domicílios particulares permanentes
Sem instrução e menos de 1 ano	20,08
1 ano	7,27
2 anos	6,81
3 anos	7,28
4 anos	13,26
5 anos	10,61
6 anos	4,72
7 anos	5,19
8 anos	10,45
9 anos	1,79
10 anos	2,00

Anos de estudo da pessoa responsável pelo domicílio	Domicílios particulares permanentes
11 anos	9,34
12 anos	0,17
13 anos	0,17
14 anos	0,14
15 anos	0,31
16 anos	0,17
17 anos ou mais	0,1
Não determinados	0,12
Total	8.037

Fonte: IBGE (2000)

No que diz respeito ao tipo de ocupação, o Diagnóstico Socioparticipativo da Grande Bom Jardim (DSPGBJ) revelou que a categoria ocupacional com maior frequência é a de autônomo (Tabela 8), fato também constatado em nossa pesquisa de campo. Entre as ocupações mais recorrentes, estão: pequenos comerciantes (20,96%), artesãos (12,58%), costureira (10%), camelôs/ambulantes (8,71%), faxineiras/diaristas (8,21%) e trabalhadores da construção civil (6,45%), estes últimos, evidentemente, ligados ao setor formal.

No que se refere especificamente ao bairro Bom Jardim, verifica-se que a categoria autônomo também se destaca, no entanto, o que nos chamou atenção, no primeiro momento, foi o maior número de trabalhadores sem carteira assinada em relação aos assalariados com carteira assinada, fato que tem implicação direta na mobilidade urbana quando se leva em consideração que a maioria das pessoas sem carteira assinada não tem acesso ao vale-transporte, benefício importante que contribui efetivamente para o exercício da mobilidade.

Tabela 8 – Natureza da ocupação da população do bairro Bom Jardim

Ocupação	Porcentagem
Autônomo	24,15
Dona de casa	24,91
Desempregado	13,96
Aposentado	9,06

Ocupação	Porcentagem
Assalariado com carteira	7,92
Assalariado sem carteira	9,81
Estudante	10,19

Fonte: DSPGBJ (2004)

Mesmo fazendo todas as ressalvas possíveis ao indicador renda per capita, pelo fato de não levar em consideração as diferenças reais de rendimento dos habitantes, pois os homogeneíza, expressando situações diferentes em condição de igualdade, defendemos seu uso por possibilitar uma aproximação do real. Há predominância da renda per capita até R$100,00 para o bairro Bom Jardim, reforçando sua caracterização como bairro constituído predominantemente por uma população pobre.

Em razão dos indicadores socioeconômicos apresentados, constata-se a precariedade dos serviços de consumo coletivo com reflexos diretos sobre a população do Bom Jardim. Tais características permitem-nos reafirmar a inoperância do Poder Público no adequado provimento de serviços essenciais, levando a população ali residente a criar estratégias, quando possível, que possibilitem sua inserção no espaço urbano.

No que diz respeito ao serviço de transporte coletivo no bairro, a situação não é das melhores. O número de ônibus que circulam em horários de pico, tanto pela manhã quanto à noite, não é suficiente para suprir a demanda da população. Não raro, nesses horários, há veículos que trafegam com a porta aberta por causa do excesso de lotação, o que ocasiona, vez por outra, acidentes envolvendo os passageiros.

A condição física dos ônibus, ao contrário do alardeio, tanto da Prefeitura de Fortaleza quanto dos empresários (donos das empresas que possuem concessão para explorar o sistema público de transporte coletivo), não é a mesma entre os diferentes bairros de Fortaleza. Um exemplo desse fato é que, até o ano de 2012 existiam ônibus que já contavam com ar-condicionado, entretanto, circulavam em determinados bairros de Fortaleza, a exemplo da linha Vila União, enquanto os ônibus que trafegam na parte sudoeste da cidade continuavam sucateados e com problemas de higiene.

Com relação ao uso de terminais de integração de ônibus, o do Siqueira é o responsável por integrar aquela parcela da população que reside no Bom Jardim, entre outros, a outros terminais e também a outros bairros de Fortaleza. Constatou-se até o ano de 2012, quando realizamos esta pesquisa, no entanto, que o referido terminal não possuía estrutura adequada para atender à demanda da população, uma vez que o usuário disputava espaço com os ônibus, já que não existia um local adequado para desembarque dos passageiros, demonstrando a total falta de respeito ao usuário, assim como a falta de cuidado com a integridade física das pessoas.

Dentro dos terminais, as filas são longas em decorrência da demora e da pouca quantidade de ônibus, além da desorganização. Não é difícil encontrar pessoas que, saindo de seu bairro e chegando ao terminal, pagam outra passagem, resolvendo pegar o ônibus do lado de fora do terminal para ter a certeza do acesso, isso quando a condição financeira permite; quando não, se assiste a um show de empurra-empurra, em que se salva quem puder ou quem tem mais força física.

Verificamos, com a aplicação de nossos questionários, que uma grande parcela da população pesquisada depende do ônibus para exercer mobilidade no espaço urbano de Fortaleza, o que se torna um transtorno cotidiano. As razões mencionadas são as mais diversas, porém, aquelas mais destacadas foram: o reduzido número de ônibus que perfazem os percursos dentro do bairro, tanto com destino direto ao Centro quanto para o terminal do Siqueira, haja vista que há um espaço de tempo muito grande entre a passagem de um ônibus e a de outro. Agravante ocorre também nos horários de pico, quando aumenta a lotação de passageiros, sem contar a estrutura física das paradas, que na maioria das vezes não possuem abrigo que sirva de proteção contra os raios solares e a chuva. A falta de segurança principalmente dentro dos terminais e, também, dentro dos ônibus constitui outra constante reclamação daqueles que necessitam do uso diário do transporte coletivo em Fortaleza.

Destaca-se que, malgrado tanto descontentamento em relação ao transporte público de passageiros em Fortaleza, quando finalizávamos nossa pesquisa, a Prefeitura decretou o aumento das tarifas de ônibus municipais, depois de negociar com o Sindicato das Empresas de Ônibus de Fortaleza (SINDIONIBUS), que reivindicava uma tarifa de R$2,20. O preço da passagem passou de R$1,80 para R$2,00. A tarifa social implantada pela gestão (Partido dos Trabalhadores), que garante redução da tarifa nos finais de semana, passou de R$1,20 para R$1,60, o que deixou descontente boa parte da população. Para acalmar os ânimos, a Prefeitura implementou, além da tarifa social, a hora social, que consiste no custo mais baixo da passagem nos horários entre 9h às 10h e de 14h às 15h. Para muitos trabalhadores e estudantes, a medida não os favorece, haja vista que seus principais deslocamentos são exatamente naqueles horários denominados de pico.

Ressalta-se que a tarifa municipal de R$2,00 está se aproximando da tarifa intermunicipal de Fortaleza, que é de R$2,50, o que é considerado pelos usuários do transporte coletivo como exorbitante, dada a falta de qualidade na oferta do serviço. Se com a tarifa anterior já era difícil o acesso de parte da população ao Serviço de Transporte Público Coletivo, essa situação parece agravar-se agora com o fato do aumento do salário mínimo não ter acompanhado tais reajustes. Por outro lado, um grande percentual da população desenvolve suas ocupações no mercado informal, o que inviabiliza o acesso ao vale-transporte.

Outra questão que merece ser mencionada é a não concessão de linhas de transporte alternativo (van) dentro do bairro por parte do Poder Público responsável. Em conversa com os moradores, constatamos que vários esforços foram empreendidos nesse sentido, no entanto, e conforme nos foi relatado, o dono da empresa responsável pelas rotas convencionais de ônibus que atuam no Bom Jardim tem feito o possível para retardar o processo. Existia apenas uma linha (a 05) de transporte alternativo em suas proximidades, que trafegava na Avenida Osório de Paiva e que não atendia a um bairro em específico, mas ao conjunto da população que mora ao sudoeste e trabalha ao leste da cidade, visto que seu ponto final era o Shopping Center Iguatemi.

Ainda como resultado de nossas investigações de campo, verificamos que parcela significativa da população, especialmente a do sexo masculino, utilizava a bicicleta como um dos principais modais para chegar ao trabalho. Não obstante a necessidade de utilizar o referido meio de transporte, muitos desses trabalhadores têm receio de usá-lo, haja vista que saem muito cedo de casa, em geral de madrugada, para que possam chegar ao trabalho no horário devido, fato que se faz complexo tanto por medo da violência quanto pela falta de infraestrutura adequada para o uso de bicicleta em Fortaleza.

Como verificado, pelos dados socioeconômicos mencionados, o bairro Bom Jardim pode ser caracterizado como um bairro segregado socioespacialmente, com vários problemas de infraestrutura e falta de equipamentos urbanos que garantam à população o mínimo de condições adequadas para atender a suas necessidades básicas. Essa constatação nos leva a refletir sobre a forma de inserção dos moradores do bairro no espaço urbano e a importância que assume a mobilidade espacial urbana em seu cotidiano.

3

REFLEXÕES TEÓRICAS SOBRE MOBILIDADE

Como ponto de partida, adotamos o caminho metodológico indicado por Amora e Guerra (2005), no texto *Mobilidades: por uma releitura do urbano na contemporaneidade*, no qual as autoras partem da etimologia da palavra mobilidade. Pesquisando no dicionário Silveira Bueno (2001, p. 518), encontramos a seguinte definição: "Mobilidade: qualidade ou propriedade do que é móvel ou do que obedece às leis do movimento; inconstância; volubilidade".

As autoras citadas, por sua vez, partem de uma definição obtida em consulta ao dicionário francês Petit Robert, que, como se pode perceber na citação a seguir, é bem mais detalhada:

> Partir da etimologia da palavra é o começo deste exercício. O dicionário Petit Robert (ROBERT, 1996) define mobilidade como "qualidade do que pode se mover ou ser movido no espaço ou no tempo", "o que pode mudar de posição", incluindo nesta acepção desde a propriedade de mover um membro ou um órgão até a mobilidade de uma população ou de uma espécie animal, movimentos compreendidos no fenômeno designado migração. A mobilidade inclui também, movimento de mão de obra, mobilidade profissional, social, ascendente ou descendente. Além desses sentidos destaca ainda, mobilidade como característica do que muda rapidamente de aspecto ou de expressão e mobilidade de sentimentos, de humor, de vontade, qualidade que produz instabilidade, versatilidade, flutuação, inconstância. Ferreira (1986) traz acepção mais complexa de mobilidade social, ao defini-la como circulação ou movimento de ideias, de valores sociais ou de indivíduos, duma camada inferior para a superior e vice-versa, ou de um grupo para outro do mesmo nível (AMORA; GUERRA, 2005, p. 2).

Considerando a pluralidade de definições que marcam o conceito de mobilidade, como ressaltado na citação, é importante salientar que aquela que conduzirá nossas análises parte do princípio de que ela é um componente significativo de inserção cotidiana no espaço urbano, como indicado nas páginas que prosseguem.

Concordamos com as autoras na ideia de que a mobilidade adquire nos dias atuais dimensões e configurações jamais vistas e tais características estão intimamente relacionadas com as necessidades de expansão do sistema de produção vigente e com as inovações tecnológicas que possibilitam a aceleração do processo de acumulação capitalista (AMORA; GUERRA, 2005). Acrescentamos a necessidade de se pensar a mobilidade na escala espacial.

Para autores como Merlin (1991 *apud* SOUSA, 2005), a mobilidade urbana pode ser estudada por meio de três escalas diferenciadas. A primeira diz respeito à escala regional ou nacional, portanto, o circuito executado dentro de limites territoriais que excedem o espaço urbano e, neste caso, o volume de circulação decresce de acordo com o aumento das distâncias. A segunda refere-se à escala internacional e compreende a circulação entre diferentes países e continentes. Finalmente, a escala local é constituída pelo movimento cotidiano, exercido em meio a um aglomerado urbano. A distância não é um fator totalmente importante, e sim a necessidade da viagem (MERLIN, 1991 *apud* SOUSA, 2005).

A partir desse ponto, cabe ressaltar que a abordagem que nos guiou nesta pesquisa foi aquela relativa à mobilidade numa dimensão socioespacial e territorial ocorrente no interior da metrópole moderna, mais precisamente a que envolve a mobilidade do trabalhador[19]. No caso do Bom Jardim, nosso objeto de estudo em específico, a escala adotada é a local, entendendo-se que a mobilidade urbana é um importante componente de inserção no meio urbano e que seu exercício, forma e conteúdo se dão de modo diferenciado entre as classes sociais, com certas consequências sobre o acesso à cidade. Não podemos ignorar, todavia, a intercessão das diferentes escalas, uma vez que os espaços se acham interconectados.

Antes de tecermos considerações sobre o par mobilidade e urbano, faz-se necessário expor alguns significados que adquiriu a mobilidade em períodos anteriores à urbanização, embora se levando em conta o tempo em relação à realidade atual. Consideramos importante expor o conteúdo do exercício de mobilidade em diferentes períodos, pois, agindo assim, acreditamos estar, desde já, demonstrando o valor dessa prática em sua historicidade, fazendo-se contraposição com o período atual.

No artigo "Justice sociale et droit à la mobilité" (Justiça social e direito a mobilidade), o geógrafo estadunidense Tim Cresswell (2004) assevera que

---

[19] É importante destacar o fato de que no questionário aplicado detectamos também a mobilidade dos moradores do bairro Bom Jardim por outros motivos, como consumo de bens e serviços, lazer e estudo, além do trabalho. Nosso foco principal, porém, foi a mobilidade relacionada ao trabalho.

o significado e as práticas de mobilidade são fundamentalmente ideológicas. Isso porque a mobilidade nem sempre foi sinônimo de liberdade e de exercício de cidadania. Ele explica que em diferentes épocas os deslocamentos realizados pelas pessoas foram diferentemente apreciados e cita como exemplo a Europa Medieval, onde o direito a deslocar-se era efetivamente exercido por um número reduzido de pessoas, como os senhores feudais.

Munford (1982) é um outro autor que expressa bem o significado da mobilidade na Idade Média afirmando que, na época, estava atrelada a um modo de vida marginal, como a dos menestréis, dos trovadores, viajantes, peregrinos e monges itinerantes, que se deslocavam durante certos períodos e que transcendiam a exigência de residência fixa e enraizamentos. Ele destaca, ainda, que o judeu errante era visto com desprezo, sendo objeto de desconfiança porque vivia alheio a deveres e obrigações inerentes ao feudalismo.

Ser móvel significava não ter lugar, nem na sociedade, nem sobre um território. Os menestréis, por exemplo, eram considerados indivíduos pouco confiáveis, ludibriosos e irresponsáveis (FELDMAN, 2001 *apud* CRESSWELL, 2004).

Por sua vez, os judeus também eram malquistos pela população autóctone. Um grande número deles se deslocava por toda a Europa Medieval, não por escolha, mas por causa da perseguição e das medidas de expulsão da qual eram objeto. A ironia do destino queria que essa fosse precisamente a causa dessa mobilidade que lhe havia sido imposta, uma vez que a Europa havia desenvolvido uma desconfiança a esse respeito. Essa mobilidade caminhava com o comércio e as novas cidades mercantis; dois fatores que despertaram desconfiança das classes residentes permanentes (CRESSWELL, 2004).

No período de transição entre a sociedade feudal e a sociedade capitalista ocorreu a origem da relação entre liberdade, mobilidade e cidadania (TORPEY, 2000 *apud* CRESSWELL, 2004).

Cresswell assevera que a ideologia da mobilidade, um tanto quanto nova liberdade, encontra sua origem na emergência do capitalismo e essa evolução histórica foi seguida do ponto de vista político e constitucional[20]. Progressivamente, ao curso dos séculos, o controle da mobilidade foi nacionalizada e retirada do poder de autoridades privilegiadas. O crescimento

---

[20] O autor refere-se à Carta Magna, art. 4º, ao estipular que todos os comerciantes poderiam sair e entrar na Inglaterra, ficar e circular livremente com toda segurança por via terrestre ou marítima, para comprar ou vender. Em 1215, na Inglaterra, porém, a maior parte da população estava presa à terra e a Carta Magna não trouxe mudanças de fato. Constata-se que o grande número de textos constitucionais e jurídicos relativos à mobilidade respondiam, na verdade, às necessidades de transações comerciais e do capital (CRESSWELL, 2004).

conjunto dos Estados-nações europeus e das transações comerciais ocasionou o crescimento dos fluxos de bens e mão de obra (CRESSWELL, 2004).

A mobilidade, por conseguinte, definitivamente, havia alterado sua escala e as pessoas podiam deslocar-se com maior frequência e para lugares cada vez mais distantes, sem ter que pedir autorização[21] (TORPEY, 2000 apud CRESSWELL, 2004).

Cresswell ressalta, no entanto, que essa grande possibilidade de mobilidade não explica a ligação entre mobilidade e liberdade e é na verdade na conjuntura histórica do início do século XVII[22], com o sucesso do capitalismo de mercado, que se valorizou a concepção de que o exercício da mobilidade tem um conteúdo ideológico.

No século XIX, a ideologia de movimento como sinônimo de liberdade já estava estabelecida, fato ilustrado na Revolução Francesa e na Constituição dos Estados Unidos da América. O autor garante, contudo, que "La Declaration des droit de l'homme a definitivement établi que le droit de se dèplacer était un droit universel, faisant partie intégrant de la citoyenneté"[23] (CRESSWELL, 2004, p. 147).

É, todavia, importante observar que essa mudança de concepção acerca do significado da mobilidade, na qualidade de direito inalienável, estava posto num âmbito de liberalismo econômico no qual a burguesia emergente pregava a ideia de liberdade, igualdade e fraternidade para poder justificar sua ascensão social. Por consequência, a mobilidade, efetivamente, ainda não era exercida por toda a população, daí a afirmação de que a mobilidade guarda em si um componente ideológico.

Corroborando essa discussão, Rémy e Voyé (1997), ao investigarem diferentes modalidades de apropriação do espaço, numa perspectiva sociológica, tendo por objeto empírico cidades da Europa, referem-se a três tipos de situações: a pré-urbanizada, a industrial (também chamada de transição) e a de urbanização. Eles consideram que a urbanização é um processo que integra a mobilidade não apenas de pessoas e bens, mas também de

---

[21] Sobre essa questão, Cresswell (2004), apoiado em Torpey (2000), garante que os mestres controlavam os deslocamentos daqueles que lhes serviam, os senhores de seus servos, e os proprietários de escravos o de seus escravos.

[22] O autor faz referência às novas ideias vinculadas por Galileu Galilei (que chegou à conclusão de que o natural era que os objetos estivessem em movimento, em contraposição à óptica de Aristóteles, para o qual os objetos não se deslocavam por possuir um ponto final definido); William Harvey descobriu a circulação sanguínea e Thomas Hobbes relacionava movimento à liberdade, influenciado pelas ideias de Galilei.

[23] "Enfim, a Declaração dos Direitos do homem definitivamente estabelece que o direito de se deslocar é um direito universal, sendo parte integrante da cidadania".

mensagens e de ideias na vida cotidiana. Salientam que numa situação não urbanizada, como a de uma aldeia, os deslocamentos não são bem aceitos, pois há hostilidade a externalidades, uma vez que o bom funcionamento do grupo, ou seja, a reprodução de seus modos de vida e de seus sistemas de valores, supõe a não intrusão de elementos externos, portanto, a mobilidade é vista de modo negativo, representando risco e desordem. Há, desta forma, uma importância da relação pessoal e da não mobilidade como condição essencial da dinâmica da aldeia não urbanizada que, assim, apresenta uma ligação biunívoca entre estrutura espacial e estrutura social. Uma exceção eram os deslocamentos exercidos pela "elite dos notáveis", para quem a mobilidade era vista com bons olhos, já que faziam a articulação entre a aldeia e a cidade, exercendo monopólio nas trocas.

Condição diferente daquela é observada numa situação urbanizada, na qual a mobilidade passa a organizar a vida cotidiana. Um dos aspectos demonstrado pelos autores, para ilustrar essa asserção, é a separação crescente entre os lugares de moradia e trabalho. Em contraposição, citam a existência dos bairros operários, no estado de transição, ou seja, de industrialização, pois, quando a mobilidade ainda não se fazia tão importante, lugar de moradia e trabalho estavam muito próximos.

Eric Le Breton (2004), no artigo "Mobilité, exclusion et marginalité" (Mobilidade, exclusão e marginalidade), também como Cresswell (2004) e Rémy e Voyé (1997), enfatiza que, por muito tempo, a mobilidade designou e estigmatizou o pobre, o marginal e o excluído. Só que Le Breton se refere não à Idade Média, mas à Grécia e à Roma antigas, onde o banimento figurava entre as mais severas sanções criminais, impondo ao condenado a privação de relações com a comunidade e o desenraizamento, o vaguear. Não obstante essa afirmação, o autor ressalta que diversos pesquisadores da sociedade contemporânea elaboram uma proposta diferente, na qual a mobilidade aparece como sinônimo de integração social.

Para o referido autor, a mobilidade generalizada dos bens, das informações e das pessoas engendra uma reorganização social, logo, a mobilidade oferece aos grupos que dela dispõem a possibilidade de manter e assegurar suas posições dominantes e se apresentar aos dominados como uma dificuldade, um constrangimento. Para Le Breton, o pleno exercício da mobilidade, ou seu inverso, ou seja, a imobilidade, participa e reforça a fragmentação social, e, como conclusão a essas afirmações, reforça a noção de que a capacidade de mobilidade e o status social de um indivíduo crescem e decrescem, em comum acordo. E afirma: "Le pauvre est immobile et l'immobilité disqualifie"[24] (LE BRETON, 2004, p. 118).

Concordamos com o autor, quando ele ressalta a importância da mobilidade no reforço ao exercício de direitos e para equiparar oportunidades, no entanto, não concordamos quando assegura que o pobre é imóvel. Em nossa pesquisa, constatamos as diversas formas de mobilidade praticadas pelos moradores inquiridos para ter acesso à cidade. Eles utilizam os mais diversos meios de deslocamento em seu cotidiano, a exemplo de viagens realizadas a pé ou de bicicleta. Apesar de essa mobilidade ser restrita, levando em conta a dimensão espacial de Fortaleza, e a exaustão que representa para quem as realiza, ela acontece e se apresenta como alternativa para aqueles que não podem arcar com o custo do transporte público.

É nesse sentido que Lévy (2002) considera a mobilidade como competência, o que implica a posse dos meios materiais, especialmente financeiros, para assegurar os deslocamentos. Ressalta, porém, que não se restringiria a eles, já que considera a relação entre pobreza e menor capacidade de deslocamento uma relação não merecedora de credibilidade (LÉVY, 2002). Entendemos que essa discussão deva ser realizada à luz da compreensão dos novos significados que assume a mobilidade na sociedade contemporânea e de qual o enfoque adotado pela Geografia.

3.1 Abordagens geográficas da mobilidade

Amora e Guerra (2005) ensinam que, se fizermos uma retrospectiva aos estudos de cunho geográfico que abordavam a mobilidade, verificaremos que tais estudos se baseavam, sobretudo, em relações binárias como fluxos migratórios (equivalentes a deslocamentos com mudança de residência) e movimentos pendulares, expressões de mobilidade que não desapareceram, mas se fizeram complexas. Exemplificam essa complexidade quando citam os movimentos de população, legais ou clandestinos, de um país a outro, ligados ao trabalho, que se diversificaram nas últimas décadas, constituindo-se como expressão de novas mobilidades geográficas encetadas pela fase atual de desenvolvimento capitalista.

Outros exemplos citados, acerca dos tipos de mobilidades geográficas que auferem novo conteúdo na contemporaneidade, são os deslocamentos para consumo dos lugares, por meio do turismo, que se intensificaram e que

---

[24] "O pobre é imóvel e a imobilidade desqualifica".

assumem proporções, expressões e significados diferenciados. Ressaltamos, ainda, com base nas autoras, que, no contexto da mundialização do capital, constata-se, por um lado, o exercício da mobilidade efetivada por trabalhadores executivos que constantemente precisam transitar pelo espaço nacional ou internacional, segundo a demanda de grandes corporações ou organismos internacionais; de outro, a inserção precária de migrantes como força de trabalho, em nível local, nacional e internacional, submetidos à clandestinidade.

Na lição de Knafou (1998 *apud* AMORA; GUERRA, 2005), o estudo das mobilidades espaciais permite à Geografia abordar duas grandes questões intimamente relacionadas que seriam a existência de um "sistema de mobilidades" e a verificabilidade de que o vocabulário do qual dispomos para qualificar a variedade de práticas sociais está obsoleto, cabendo então à Ciência Geográfica proposições teórico-metodológicas capazes de apreender a complexidade que a vida moderna incrementou nas práticas sociais de tal fenômeno. Amora e Guerra corroboram com o autor ao afirmarem a necessidade da sistematização de tal complexidade, haja vista a polissemia que marca esse conceito.

Ainda segundo Amora e Guerra (2005), para Knafou, uma hipótese se apresenta como central quando o que está em questão é mobilidade geográfica, é a relação com o outro, e se materializaria no território, por exemplo, pelas relações estabelecidas entre o turista e o trabalhador estrangeiro ao chegar ao território de destino.

Jacques Lévy (2002) identifica duas modalidades de mobilidade: as mobilidades cotidianas, nas quais se incluem os movimentos pendulares, e as mobilidades raras. As mobilidades cotidianas caracterizam-se por serem os deslocamentos rotineiros, para trabalho, compras, estudo, lazer, entre outros. Já a mobilidade rara, está relacionada aos deslocamentos que envolvem maior distância, por exemplo, por motivos de militância ou para reuniões internacionais (como os Fóruns Sociais Mundiais) ou até mesmo por motivos profissionais. Ressalta, contudo, que as mobilidades cotidianas e as mobilidades raras, atualmente, guardam tênues limites.

As autoras enfatizam, ainda, a importância de investigações que visem à compreensão das novas formas de mobilidade com expressão particular para o urbano. Nas palavras delas:

> O fenômeno da generalização das mobilidades e sua expressão particular no urbano constituem sem dúvidas, uma das facetas da fase atual do processo de acumulação e de reprodução

> sóciometabólica do capital, onde se imbricam as dimensões política, econômica, social e espacial. A complexidade dos movimentos que se processam e se multiplicam na sociedade contemporânea, atesta a pertinência teórica do estudo das mobilidades. Estes estudos por certo ampliarão as perspectivas analíticas dos novos fenômenos da mobilidade e de sua expressão no urbano. O tema é amplo, demandando pesquisas mais aprofundadas, mas não temos dúvidas de que a geografia brasileira não pode se furtar a este desafio (AMORA; GUERRA, 2005, p. 13).

Como ressaltado pelas autoras, o estudo das mobilidades reveste-se de grande importância para a compreensão do urbano contemporâneo, cabendo à Geografia contribuir com a discussão proposta. Com efeito, os geógrafos não têm se furtado a reflexões sobre esse ponto na contemporaneidade com a produção em livros e periódicos, a exemplo da publicação *Revue Tiers Monde*[25], de 2010, que reúne um conjunto de artigos tratando da relação entre mobilidade e pobreza, na qual é possível verificarmos a importância aferida ao estudo da mobilidade espacial urbana em países como Chile, Colômbia e México. Nessa publicação, o autor Daniel Delaunay, no artigo "Mobilités, Ségrégatios Résidentielles et Bonus Démographique Dans la Zone Métropolitaine de Santiago Du Chili"[26], faz uma investigação que tem por base a relação entre desigualdade, segregação residencial e mobilidade territorial e social na capital, Santiago.

Dureau e Gouëset (2010), por sua vez, discutem a evolução das desigualdades em matéria de mobilidade cotidiana, principalmente aquelas vinculadas às idas e vindas relacionadas aos trajetos domicílio-trabalho e domicílio-escola da população que habita duas periferias populares de Santa Fé de Bogotá, na Colômbia – Soacha e Madrid – no período que compreende 1993 a 2009. Já Paquette (2010 p. 157), reflete a respeito da mobilidade cotidiana e acesso à cidade em aglomerações na área metropolitana do México, destacando a importância do transporte público coletivo para a população que habita a periferia daquele país, realizando o que chama de "uma leitura da ligação entre pobreza e mobilidade".

Como se pode perceber, as pesquisas que priorizam o entendimento da mobilidade espacial urbana da população que habita a periferia das grandes cidades em diferentes países considerados subdesenvolvidos é uma realidade

---

[25] Revista Terceiro Mundo.
[26] "Mobilidade, segregação residencial e crescimento demográfico na zona metropolitana de Santiago do Chile".

na reflexão contemporânea dos geógrafos e se expressa como importante contribuição no entendimento do conteúdo do urbano, tendo a mobilidade como mote, mas, sobretudo, dando a devida importância ao entendimento da produção do espaço urbano e sua repercussão no cotidiano da população pobre que habita as grandes cidades.

3.2 O par mobilidade e espaço urbano

Desde o início de nossa pesquisa obedecemos ao princípio de que a mobilidade é um componente do urbano, haja vista que esta o qualifica, potencializando não só a inserção dos citadinos, mas também dos fluxos de ideias e de capital. Portanto, qualificamos a mobilidade como intrínseca e parte indissociável do urbano.

Rémy e Voyé (1997) destacam que o urbano é uma forma e um processo de diferenciação do espaço social que produz um modo de vida específico, ao estruturar a vida cotidiana e determinar uma nova relação com o espaço, o que em tese remete à possibilidade e à capacidade cada vez maior de ser móvel. Desta forma, o modo de vida urbano impõe uma valorização da mobilidade.

Convém ressaltar, entretanto, que a realidade estudada pelos autores citados é aquela referente às cidades europeias e que, portanto, seria um erro uma simples sobreposição de suas teorias para o entendimento do urbano e da mobilidade na realidade brasileira, o que, ao mesmo tempo em que vulgarizaria essas teorias, ao serem aplicadas de maneira mecânica e simplista, provavelmente provocando o esvaziamento de seu conteúdo e razão de existir, daria, também, margens a distorções da realidade por nós estudada.

O modelo de urbanização das cidades brasileiras não contou com uma sequência bem definida de fases distintas, ou seja, com um período não urbanizado, uma fase de transição (industrialização) e, por fim, uma urbanizada, como a realidade que se apresentou nas cidades europeias em sua urbanização. Na realidade, essa diferença é fundamental para que possamos ponderar sobre a relação entre o par mobilidade e espaço urbano numa realidade como a nossa.

Verificamos com a urbanização, não só brasileira, mas também latino-americana é que ela se caracteriza por ser um modelo de urbanização imposto, atrelado a um fenômeno de industrialização, como ressalta Oliveira (1982, p. 42):

> Quando a industrialização começa a ser a mola propulsora da expansão capitalista no Brasil, ela tem que ser simultaneamente e fundamentalmente urbana porque não pode apoiar-se em nenhuma pretérita divisão social do trabalho no interior das unidades agrícolas. Esse seria o maior determinante do fato de que a nossa industrialização vai gerar taxas de urbanização muito acima do próprio crescimento da força de trabalho empregada nas atividades industriais.

Observa-se que, em menos de um século, a sociedade brasileira passou de agrário-exportadora para urbano-industrial, e esse fato teve grandes repercussões socioespaciais. A industrialização que se antepõe a uma urbanização efetiva foi responsável por um crescimento demográfico que extrapolou a capacidade de provimento adequado de infraestrutura urbana nas grandes cidades, ocasionando uma inserção precária ao urbano na medida em que a maior parte da população, caracterizada por possuir um menor poder aquisitivo, não teve a possibilidade de usufruir de uma qualidade de vida que garantisse, ao menos, o básico para se manter adequadamente.

Esse crescimento demográfico também está vinculado a questões de desigualdades sociais ocorrentes ainda no espaço rural brasileiro (relacionadas à concentração de terra, ao não acesso à saúde, à educação ou a condições de trabalho favoráveis), que, consequentemente, impulsionaram milhares de pessoas e impulsionam até hoje, em menor proporção, as cidades, na tentativa de lograr melhores condições de vida.

Verifica-se com isso que a cidade contemporânea, como "relação social e materialidade, torna-se criadora de pobreza, tanto pelo modelo socioeconômico, de que é o suporte, como por sua estrutura física, que faz dos habitantes das periferias pessoas ainda mais pobres", sendo assim, a pobreza não é apenas o fato do modelo socioeconômico vigente, mas, também, do modelo espacial que está atrelado àquele (SANTOS, 1993, p. 10).

Sobre a pobreza, no livro *Pobreza no Brasil*, Rocha (2005) enriquece essa argumentação ao assinalar que, de modo geral, ao se adotar a abordagem "necessidades básicas insatisfeitas", podemos ir além das questões alimentares para incorporar uma gama mais ampla de necessidades humanas, como educação, saneamento, habitação etc., o que permitiria definir, de certa forma, o que são necessidades básicas de acordo com a situação que se apresenta em cada sociedade, pois garante que a complexidade do fenômeno pobreza, com suas especificidades em contextos diversos, dificulta o estabelecimento de parâmetros universais.

Relativamente às especificidades da pobreza no Brasil, a autora destaca que esta sucede pela má distribuição de renda e caracteriza-se por ser uma pobreza absoluta decorrente da forte desigualdade na distribuição dos rendimentos, porquanto a pobreza absoluta está estritamente vinculada às questões de sobrevivência física, portanto, ao não atendimento das necessidades vinculadas ao mínimo vital (ROCHA, 2005).

O Laboratório de Estudos da Pobreza da Universidade Federal do Ceará, em pesquisa sobre a caracterização da extrema pobreza no Brasil (2011), demonstra que, não obstante 42% da população brasileira estar concentrada na região Sudeste do país, 57% da pobreza extrema[27] ainda está no Nordeste, cuja concentração populacional é de 28% (Gráficos 9 e 10), fato bem ilustrativo do estado da população nordestina e das disparidades regionais existentes ainda hoje.

Essa circunstância de pobreza que caracteriza a condição de grande parte dos brasileiros se acentua cada vez mais no espaço urbano, sobretudo, nas capitais. Tanto é assim que 54% da população do Brasil encontra-se em área urbana não metropolitana; 31% em área metropolitana e 15% em área rural (LEP, 2011), estando 65% do total da população em estado de extrema pobreza, concentrados em áreas não metropolitanas urbanas (45%) e áreas metropolitanas (20%), enquanto a área considerada rural concentra, ainda, um percentual de 35%.

Gráfico 9 – Distribuição populacional conforme as regiões no Brasil – 2011

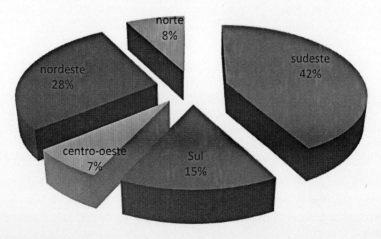

Fonte: LEP/UFC (2011)

---

[27] Renda familiar per capita menor do que 1/8 do salário mínimo (R$58,13) em 2009, que tinha o valor de R$465,00.

O Ceará é o terceiro[28] estado brasileiro com maior número de pessoas vivendo em extrema pobreza. De 2008 para 2009, a quantidade de cearenses nessa situação passou de 660 mil para 908 mil. O estudo do LEP também divulgou que quase metade da população cearense (49,11%), ou seja, 4,2 milhões de pessoas, sobrevive com metade do salário mínimo, situando o Ceará como o quinto nesse quesito entre as unidades federativas do país.

Gráfico 10 – Distribuição da extrema pobreza conforme as regiões no Brasil – 2011

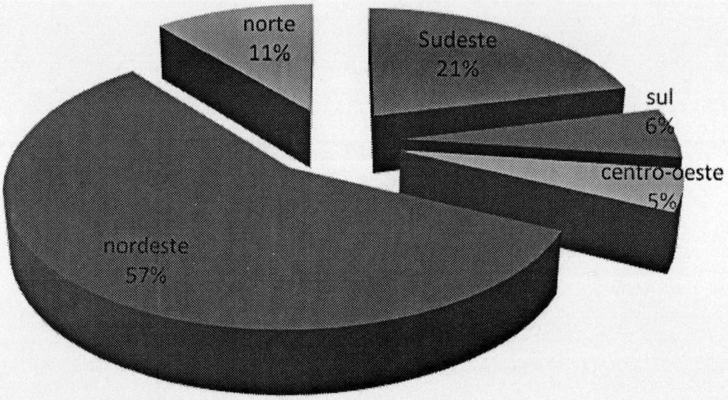

Fonte: LEP/UFC (2011)

Ainda sobre o Ceará, considerando as áreas não metropolitanas em conjunto com as metropolitanas, verificamos que 62% da população que se encontra em extrema pobreza concentra-se no espaço urbano e 38% em área considerada rural. Isso significa que um percentual significativo de pessoas que habita as cidades cearenses não conta com o mínimo necessário para suas necessidades básicas. Tudo isso nos leva a refletir sobre a importância do par mobilidade e espaço urbano, numa realidade como a de Fortaleza, com a maior parte de sua população caracterizada como de baixo poder aquisitivo.

É importante destacar o fato de que a capital cearense conta, desde os anos 1990, com terminais de integração física, caracterizados como importantes dinamizadores da mobilidade em Fortaleza, uma vez que possibilitam maior acessibilidade a diversos espaços da cidade. A mobilidade, contudo, não pode ser considerada apenas como técnica, haja vista que a

---
[28] Em 1º lugar está Pernambuco e em 2º, a Bahia.

realidade se impõe a essa afirmação, pois se verifica que grande percentual da população fortalezense se desloca a pé por não ter acesso ao sistema de transportes públicos, em última instância, pela forma de inserção dessa população no urbano, que, como já destacamos, se dá de maneira precária.

O fato é que a população, mesmo carente, desenvolve estratégias para exercer a mobilidade inerente ao espaço urbano. Referimo-nos aos inúmeros percursos feitos a pé e ao uso da bicicleta, como também da carona, que depende da solidariedade entre vizinhos. Evidentemente, essa mobilidade, ainda assim, é limitada e muitas vezes beira a exaustão, mas merece ser ressaltada, pois para nós é vista como fator relevante.

Essa observação pode ser comprovada no Gráfico 11, ao se verificar que 39% das viagens realizadas em Fortaleza, em 1999, segundo a Pesquisa Origem/Destino (PREFEITURA MUNICIPAL DE FORTALEZA, 1999), foram realizadas a pé, seguido pelo modal ônibus, responsável por 37% do total. Com base nesses dados, podemos tirar duas conclusões que, longe de serem apressadas, se coadunam com a realidade. A primeira indica que uma grande parcela da população está excluída do serviço de transporte coletivo e a segunda demonstra a importância do modal ônibus para a reprodução do trabalhador.

Verifica-se, ainda o significativo percentual representado pelos modais: automóvel particular (18%); bicicleta (6%) e, para nossa surpresa, a irrisória participação do trem e do transporte alternativo (van) que separadamente não chegam a 1% do total (Gráfico 11).

Importante é lembrar que a opção de transporte coletivo van havia sido implementada há pouco tempo da realização desta pesquisa, ou seja, em 1997. De lá para cá, houve expressiva aderência da população a esse modal, até o momento de sua presença como alternativa para exercer mobilidade.

Gráfico 11 – Mobilidade por modais em Fortaleza – 1999

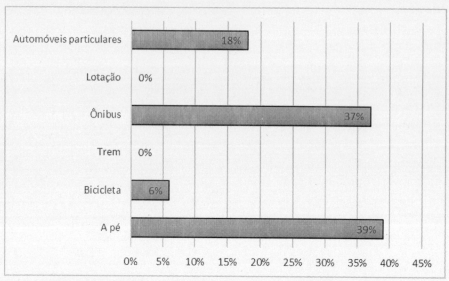

Fonte: Pesquisa O/D (1999)

Vasconcellos (2001) especifica que os principais fatores que interferem na mobilidade das pessoas são a renda, o gênero, a idade, a ocupação e o nível educacional. Esses fatores socioeconômicos diferenciam e determinam as condições de cada pessoa ou grupo social ao movimentar-se pelo espaço urbano.

Justamente por entender a mobilidade como componente importante no urbano, ao mesmo tempo em que ocorre de modo diferenciado na sociedade, é que Lévy (2002) a considera muito mais do que um mero deslocamento. Para esse autor, a mobilidade deve ser compreendida como:

> [...] relação social ligada à mudança de lugar, isto é, como o conjunto de modalidades pelas quais os membros de uma sociedade tratam a possibilidade de eles próprios ou outros ocuparem sucessivamente vários lugares (LÉVY, 2002, p. 7).

Portanto, a mobilidade é uma "relação social de grande riqueza" (LÉVY, 2002, p. 7). Ao relacionar mobilidade e urbanidade, Lévy (2002, p. 7) assegura que se "tomarmos como foco principal a sociedade e optarmos pela escala local a resposta concreta para análise será a cidade". Ele complementa dizendo que a realização prática da urbanidade passa pela existência de vários lugares tão inter-relacionados quanto é possível, a fim de que tudo ocorra como se eles constituíssem um só lugar. A mobilidade é, desta forma e por princípio, portadora de um crescimento de mobilidades intraurbanas, só tendo sentido porque, no quadro do domínio do espaço, ela entra na composição do capital social[29] dos indivíduos (LÉVY, 2002).

O referido autor considera a mobilidade como um sistema de movimentos potenciais, que denomina de *virtualidades*, classificando-as como "mobilidade como possibilidade", considerada por meio da acessibilidade da oferta de mobilidade por oferta de transporte; "mobilidade como competência", que compreende a relação entre o espaço virtual das mobilidades oferecidas e o espaço das mobilidades realizadas; e "mobilidade como capital", o conjunto constituído pela possibilidade, pela competência e pelas arbitragens que a segunda permite sobre a primeira, o que "pode ser lido como um capital social, um bem que permite ao indivíduo desdobrar melhor sua estratégia no interior da sociedade" (LÉVY, 2002, p. 10).

Para as instâncias governamentais brasileiras, a mobilidade urbana é um atributo das cidades e se refere à facilidade de deslocamentos de pessoas e bens no espaço urbano. Pensar a mobilidade urbana é, portanto, refletir sobre como se organizam os usos e a ocupação da cidade e a melhor forma de garantir o acesso das pessoas a bens que a cidade oferece (MINISTÉRIO DAS CIDADES, 2008).

Como constituinte substancial do urbano, a mobilidade e a possibilidade de seu exercício demonstram-se essenciais para o exercício da cidadania, visto que esta qualifica a inserção de quem habita a cidade.

A lógica de produção/apropriação do espaço urbano, todavia, sob a égide do sistema de produção capitalista, enseja desigualdades socioespaciais diversas e severas. Entre estas está o processo de periferização da camada populacional com menor poder aquisitivo, que, tendo que se fixar nas porções periféricas da cidade, vê a mobilidade transformar-se em compulsória e não mais sinônimo de urbanidade, já que, para ter a possibilidade de acesso a serviços essenciais, os quais deveriam ser oferecidos em seus próprios bairros,

---

[29] O conceito de capital social, embora não tão antigo, já possui uma considerável trajetória no campo das Ciências Sociais, sendo também usado como instrumento de avaliação de capacidade e qualidade governamental. Borba e Silva (2006) apontam como principais teóricos do conceito Robert D. Putnam, autor que mais tem influenciado as reflexões do tema em questão no Brasil; Pierre Bourdieu, que direciona suas pesquisas para a questão do poder e suas desigualdades em diferentes campos; James Coleman, que trabalha com o capital social como fundamental para o desenvolvimento econômico, físico e humano numa perspectiva de bem-estar coletivo. Para Borba e Silva (2006), a importância de trabalhar com o conceito de capital social está calcada na praticidade em medir o desempenho institucional sem, no entanto, deixar de lado o processo de construção democrática, demonstrando ser mais útil a utilização desse conceito do que o de sociedade civil (BORBA; SILVA, 2006).

têm que se deslocar para outras áreas da cidade na ânsia de satisfação de suas necessidades elementares, como trabalho, saúde e educação, principalmente.

Segundo a Pesquisa O/D da RMF (PREFEITURA DE FORTALEZA, 1999), um dos principais motivos da mobilidade que se processa cotidianamente em Fortaleza tem sido o trabalho, sendo a maior parte desses deslocamentos realizada por transporte público coletivo (ônibus). É nesse sentido que nossas reflexões se encaminharam para a mobilidade motivada pelo trabalho e, portanto, como componente de reprodução dessa força de trabalho no urbano.

3.3 Mobilidade, acessibilidade e transporte urbano público em Fortaleza: algumas considerações

Um componente importante para o entendimento da mobilidade é a acessibilidade, que se vincula ao serviço de transporte público, como ressaltado por Lévy (2002), estando relacionada ao uso e à forma urbana.

A acessibilidade é o valor de uso mais importante para a terra urbana, embora toda e qualquer terra o tenha em maior ou menor grau. Os diferentes pontos do espaço urbano têm diferentes acessibilidades a todo o conjunto da cidade (VILLAÇA, 2001), ou seja, a acessibilidade à cidade por parte da população difere dependendo tanto de seu poder aquisitivo quanto da possibilidade de acesso à cidade, partindo de onde mora. Em Fortaleza, por exemplo, as vias de acesso e a disponibilidade de linhas de ônibus não ocorrem nas mesmas condições, partindo de pontos diferentes na área urbana.

Para Villaça, o espaço intraurbano é estruturado fundamentalmente pelas condições de deslocamento do ser humano, seja como portador da mercadoria força de trabalho (como no deslocamento casa-trabalho), seja como consumidor (deslocamento casa-compras, casa-lazer etc.). Ele salienta que o transporte urbano de passageiros não tem recebido a devida atenção dos pesquisadores e pondera que "os transportes sempre foram, em qualquer modo de produção, os maiores modeladores do espaço, tanto intraurbano como regional" (VILLAÇA 2001, p. 136). Ressalta, ainda, que a dominação exercida por meio da estruturação do espaço intraurbano visa principalmente à apropriação diferenciada de suas vantagens locacionais, pois "trata-se de uma disputa em torno do consumo" (VILLAÇA 2001, p. 45).

O mencionado autor considera que as condições de deslocamento do ser humano, associadas a um ponto do território urbano, predominarão sobre a disponibilidade de infraestrutura desse mesmo ponto. Assim, a acessibilidade torna-se vital na produção de localizações, mais do que a disponibilidade de infraestrutura. Ele destaca que:

> Na pior das hipóteses, mesmo não havendo infra-estrutura, uma terra jamais poderá ser considerada urbana se não for acessível – por meio de deslocamento diário de pessoas – a um contexto e a um conjunto de atividades urbanas e isso exige um sistema de transporte de passageiros (VILLAÇA 2001, p. 23).

Na perspectiva de Cardoso (2007), não há pleno consenso acerca da definição de acessibilidade, haja vista a diversidade de perspectivas provenientes de variadas formações. Na Geografia Urbana, entretanto, o conceito é comumente empregado na explicação de transformações socioespaciais, sendo fator decisivo no estreitamento das relações entre transporte, renda, uso e valorização dos terrenos urbanos e o crescimento das cidades. E explicita citando Axhausen e Schonfelder:

> Situações de exclusão, resultante e resultado das desigualdades sociais, podem ser agravadas pela manutenção de condições inadequadas de acesso aos meios e equipamentos de consumo coletivo, dentre os quais, o sistema de transportes afigura-se como um componente-chave na ampliação ou na mitigação destas situações. Contudo, um maior aprofundamento nas discussões acerca dessas relações requer um exercício prévio de apreensão dos conceitos de acessibilidade – porquanto contempla, entre outros, o próprio sistema de transportes – e exclusão social (AXHAUSEN e SCHÖNFELDER, 2003 *apud* CARDOSO, 2007 p. 18).

Com base no entendimento de que a mobilidade é mais do que deslocamento, trazemos o debate da relação entre transporte público, periferia e mobilidade do trabalhador, uma vez que nossa pesquisa pretende compreender a influência do transporte público no cotidiano dos moradores trabalhadores pesquisados do Bom Jardim.

Entre as diversas formas de exercer mobilidade, o transporte público, na modalidade ônibus, é um elemento dos mais importantes para a maior parte da população que habita as cidades brasileiras, incluindo Fortaleza, mormente para os trabalhadores que se deslocam cotidianamente.

Tem-se notícia de que o primeiro ônibus motorizado surgiu em 1895, na Alemanha. No Brasil, só chegou em 1908, na cidade do Rio de Janeiro, e, antes disso, a presença dos bondes elétricos já se fazia nas maiores cidades brasileiras. Em Fortaleza, por exemplo, os bondes elétricos chegaram em 1913 e em 1909 chegou o primeiro automóvel. Foi a partir de 1950, no entanto, que, com a criação da PRETOBRÁS (Petróleo do Brasil S/A), instalou-se no Brasil a primeira indústria de automóvel.

A indústria automobilística passa a ser vista como um símbolo do progresso e da modernidade, recebendo incentivos maciços por parte do governo e de setores privados. Com o aumento progressivo do uso de automóveis, as cidades passaram a ser pensadas em função de seu uso, o que levou à abertura de rodovias em todo o país, além da construção de vias e viadutos destinados ao uso do automóvel, sobretudo, individual. Em contrapartida, os transportes públicos coletivos foram sendo relegados a segundo plano e gradativamente estigmatizados como de nível inferior e destinados à população de baixo poder aquisitivo (PEIXOTO, 2000).

A provisão inadequada do serviço de transporte coletivo reflete-se no cotidiano de milhares de brasileiros que se veem prejudicados em sua mobilidade e acessibilidade à cidade, ou seja, em seu direito de ir e vir, além de ter afetada sua qualidade de vida.

Oliveira (1977 *apud* MOREIRA, 2007) destaca que a atuação do Estado, além de política, é, sobretudo, econômica. Em suas palavras:

> Não pode o Estado solucionar o chamado problema de transporte urbano? Pelo tamanho do excedente que maneja, pode; mas, se esse excedente provém em parte da produção automobilística, então não pode. Pode o Estado solucionar o chamado problema da poluição? Com tanto chão nesse país, parece que se poderia [...] mas o chão da pátria não é chão, é capital (OLIVEIRA, 1977, p. 75 *apud* MOREIRA, 2007 p. 68).

Silva (1982) considera que a relação entre transporte público e periferia não pode ser isolada do conjunto de problemas urbanos que afetam as condições de vida na cidade, entendendo-se a mobilidade, particularmente aquela exercida para o trabalho, como um elo entre as condições de inserção no meio urbano (por meio da habitação) e da inserção no sistema produtivo (via condições de trabalho). Trata-se, desta forma, de debater um fenômeno ocorrente no cotidiano, que é da classe trabalhadora urbana, relacionada com a venda efetiva de força de trabalho.

Corroboramos com a ideia de Silva (1982) quando acentua que a massa de trabalhadores na cidade, impulsionada pela lógica da especulação do solo urbano de maneira crescente e que se fixou nas periferias, ao se instalar ali, começou a sofrer espoliação urbana. Kovarick (2000 p. 22), ao tratar da espoliação urbana, adverte para a noção de que:

> [...] está intimamente ligada à acumulação do capital e ao grau de pauperização dela decorrente. Isso porque os trabalhadores assalariados e autônomos ou os desempregados são também moradores espoliados e, sobretudo, porque é a dinâmica de criação e apropriação do excedente econômico que gera esses dois aspectos interligados da reprodução dos trabalhadores.

Por sua vez, esses trabalhadores, no dizer do referido autor, moradores espoliados, dependem do transporte, sobretudo coletivo, como meio de reprodução. E, como adverte Silva (1982), o transporte torna-se um elemento dos mais estratégicos e vitais para a reprodução da força de trabalho. Assevera que o transporte é a vida e a morte do trabalhador na qualidade de trabalhador e que os usuários de transporte público continuam a ser tratados feito meros números quantitativos estatísticos para o planejamento. Quando se observa, porém, os movimentos populares por melhores transportes, nota-se, de um lado, a capacidade de organização, sobretudo dos trabalhadores, para acabar com a espoliação proveniente da ação do Estado e das empresas privadas. De outro lado, vê-se claramente que o transporte, mais do que uma questão técnica, é social.

Gottdiener (1977), recusando o viés simplista tecnológico, considera que, para compreendermos o efeito dos transportes sobre o espaço urbano, devemos articulá-lo aos interesses da população e das classes, analisando-se, por exemplo, a relação transporte público x privado e a difusão do automóvel mais em certas classes do que em outras, criando um gancho para articular o desenvolvimento econômico nacional e o espaço intraurbano.

O estudo sobre a mobilidade e acessibilidade urbana dos moradores do bairro Bom Jardim demonstrou que percentual significativo da população habitante da periferia de Fortaleza tem acesso limitado ao sistema de transporte coletivo, estando esse fato relacionado ao baixo poder aquisitivo desses citadinos e ao provimento inadequado do serviço disponibilizado.

3.3.1 Transporte público como meio de consumo coletivo

Sob o prisma das aglomerações físicas e das razões da produção capitalista, a concentração dos meios de produção no espaço implica a concentração de pessoas como força de trabalho (VASCONCELLOS, 1999). Nesse sentido, tanto as unidades produtivas quanto a força de trabalho precisam de garantias e de certas condições para sua existência, sendo o transporte condição que lhes é comum.

O modo de vida urbano, cada vez mais, faz recuar as formas pretéritas de reprodução do trabalho e avançar os meios mercantis, diminuindo a produção doméstica dos meios de reprodução, que passam a ser feitos em outra esfera.

> O autofornecimento de meios de reprodução vai diminuindo com o desenvolvimento do modo de produção capitalista, com os produtos passando a ser fornecidos em outra esfera de produção capitalista que se expande juntamente com o desenvolvimento das divisões social e técnica do trabalho, dentro do processo de socialização capitalista das forças produtivas (PRETEICEILLE, 1975 *apud* VASCONCELLOS, 1999, p. 58).

A redução gradativa do autofornecimento dos meios de reprodução jogou para fora da unidade familiar-habitacional, como lócus da reprodução da força de trabalho, o centro produtor destes meios, que passam a se instalar genericamente na esfera da produção privada capitalista, ou no próprio Estado. Na visão de Vasconcellos, é nesse âmbito que deve ser entendida a expressão "meios de consumo coletivo". Alguns meios de reprodução passam a ser fornecidos pelos produtores organizados no mercado, enquanto outros são fornecidos ou organizados pelo Estado. "Estas condições de sobrevivência passam a ser asseguradas no âmbito coletivo sendo socializadas, no sentido de serem construídas e operadas segundo regras e leis coletivas" (CAMARGO *et al.*, 1983 *apud* VASCONCELLOS, 1999, p. 59). Já para Lojkine (1981), o que caracteriza a cidade capitalista é a concentração crescente dos meios coletivos de consumo, criando outro modo de vida, com novas necessidades, identificando o que ele denomina civilização urbana.

No intuito de enfatizar a importância da recuperação do conceito de condições gerais de produção na análise socioespacial, Lencione (2007) contribui para o nosso entendimento acerca dos serviços de consumo coletivo, ao ressaltar que a origem do conceito de condições gerais de produção está no pensamento de Karl Marx. Análise mais aprofundada da questão, todavia, só se dará nos anos 70 do século XX, relacionada à questão urbana. Lencione exprime que foi Castells (1972, p. 2), no livro *A Questão Urbana*, que, utilizando um arcabouço marxista, fez emergir o conceito de condições gerais de produção, ressaltando que essa proposta, a priori, fundamentada num referencial marxista, é, no entanto, uma leitura althusseriana do urbano:

> Castells ao fazer uma analogia de que as unidades urbanas são para o processo de reprodução da força de trabalho o que as empresas são para o processo de produção, entende o urbano como o lócus privilegiado da reprodução da força de trabalho que se caracteriza pelo consumo coletivo de bens e serviços (escolas, transporte, hospitais, por exemplo) os quais são direta ou indiretamente produzidos pelo Estado.

Indo à origem da discussão em Marx e ao debater o conceito de consumo, Lencione expressa que podem ser distinguidos três tipos de consumo: a) consumo produtivo, relacionado à reprodução dos meios de produção; b) consumo individual, ligado ao gasto individual para a reprodução da força de trabalho (alimentação, por exemplo); e c) o dispêndio de luxo, aquele que extrapola as necessidades básicas. É no âmbito do consumo produtivo que está o consumo coletivo porque "seu valor de uso é coletivo e responde a uma necessidade que só pode ser satisfeita coletivamente" (LENCIONE, 2007, p. 3).

A expressão "consumo coletivo" se relaciona com uma discussão ainda recorrente, entre os marxistas, sobre o trabalho produtivo. A escolha do termo ainda tem a vantagem, pretensamente "neutra", de não fomentar no interior da discussão a relação entre consumo e urbanização, além do que a expressão conota um valor de uso coletivo (LENCIONE, 2007).

O consumo produtivo está relacionado à reprodução dos meios de produção e se constitui consumo coletivo, em razão de sua natureza produtiva, mantendo relações com o processo de produção e circulação do capital. Nesse sentido, Lencione (2007) destaca que os equipamentos de consumo coletivo relacionados diretamente à produção (meios de circulação em conexão direta com o processo produtivo) se desenvolvem de modo mais rápido do que os indiretamente relacionados a esse processo.

Essa diferença ocorre porque os equipamentos, em conexão direta com a produção, ao permitirem a circulação da mercadoria, possibilitando sua realização no mercado, lhe conferem valor, pois a transformam de mercadoria potencial em mercadoria real. Por sua vez, os equipamentos de consumo coletivo relacionados indiretamente à produção ficam relegados ao segundo plano. No magistério de Lencione, é isso o que permite compreender por que as escolas, os hospitais, a infraestrutura de saneamento básico e de tratamento de esgoto e a própria questão do transporte de pessoas, por exemplo, marcham a passos mais lentos do que a fibra ótica. E acrescenta que "a diversificação e expansão das comunicações, o desenvolvimento de parques tecnológicos, a duplicação de rodovias, os centros de pesquisa, estão diretamente relacionados à reprodução do capital" (LENCIONE, 2007, p. 5).

Santos e Silveira (2001), por sua vez, fazem distinção entre o consumo produtivo e o consumo consumptivo. O consumo produtivo é aquele realizado por consultorias, a exemplo do dinheiro adiantado com crédito. As atividades urbanas estão ligadas a esse tipo de consumo, sendo esta a forma pela qual as cidades cumpririam o papel de responder às necessidades da vida de relações, que aumentaram quantitativamente e diversificaram-se qualitativamente. Já o consumo consumptivo relaciona-se ao consumo das famílias, podendo incluir o consumo de educação, saúde, lazer, religião, informação em geral e especializada, e consumo político, na forma do exercício da cidadania. Sendo assim, o consumo cosumptivo se aproxima de nossas análises.

Quando refletimos sobre o serviço de transporte público, interessante é observar o que Ascher e Giard (1975) ressaltam sobre sua ambiguidade, já que a força de trabalho é um componente importante na produção, no entanto, esse serviço também é relegado a segundo plano. Vejamos o que eles afirmam:

> La notion de transport de perssones est elle-même ambigue puisque les rapports capitalistes font de la force de travail d'abord une marchandise; et une marchandise indispensable pour produire de Le plus-value et permettre du profit[30] (ASCHER; GIARD 1975, p. 101).

Para os autores mencionados, abordar o problema do transporte urbano é evocar uma das manifestações mais gritantes da crise da urbanização capitalista, por se tratar de um dos setores onde se exprime mais claramente a contradição entre as razões do lucro e a necessária dominação

---

[30] "A noção de transporte de pessoas é em si mesma ambígua, porque os capitalistas fazem da força de trabalho, primeiramente, uma mercadoria; e uma mercadoria indispensável para produzir a mais-valia e permitir o lucro".

democrática dos processos econômicos e sociais, ou seja, há um conflito no espaço urbano denotado pelas necessidades de reprodução do capital e a vivência cotidiana dos citadinos em sua reprodução.

Ressaltam, ainda, que, quanto mais o espaço urbano se faz complexo, mais se aprofunda a segregação funcional do espaço, fazendo com que a mobilidade e a acessibilidade aufiram maior importância, levando a que os transportes de pessoas também ocupem lugar destacado.

Na obra *Espaço do Cidadão*, Santos (1987 p. 47) questiona o que, de fato, representa para o citadino a mobilidade, associando-a ao transporte público:

> A mobilidade das pessoas é afinal, um direito ou um prêmio, uma prerrogativa permanente ou uma benesse ocasional? Como há linhas de ônibus rentáveis e outras não, a própria existência dos transportes coletivos depende de arranjos nem sempre bem-sucedidos e nem sempre claros entre o poder público e as concessionárias. Aliás, com o estímulo aos meios de transporte individuais, as políticas públicas praticamente determinam a instalação de um sistema que impede o florescimento dos transportes coletivos.

Sendo um serviço administrado pelo Poder Público Municipal, o transporte coletivo em Fortaleza não foge à dimensão da análise de Santos, uma vez que a população do Bom Jardim, assim como de outros bairros da cidade, encontra dificuldade para usufruir efetivamente do serviço em foco. Antes, porém, de adentrar essa problemática no bairro Bom Jardim, discutiremos no item a seguir alguns aspectos referentes ao sistema de transporte público em Fortaleza.

3.3.2 Aspectos do sistema de transporte público em Fortaleza

Até o final de nossa pesquisa, no ano de 2012, o sistema de transportes em Fortaleza estava organizado com base em quatro serviços: o serviço de transporte coletivo por ônibus, o sistema de transporte público complementar (vans ou topiques), o sistema de táxi e o de mototáxi. Esses serviços são administrados pela Prefeitura, ficando a cargo da Empresa de Transporte Urbano de Fortaleza (ETUFOR).

O sistema de transporte coletivo por ônibus na capital cearense encontra-se dividido em dois subsistemas: o SIT-FOR e o sistema Seletivo. O SIT-FOR é o Sistema Integrado de Transportes de Fortaleza, que compreende o transporte por ônibus com integração física, temporal e tarifária. O sistema Seletivo é composto de linhas de veículos de pequena capacidade, voltadas para o atendimento dos turistas, que visitam as áreas mais nobres de Fortaleza.

O SIT-FOR é caracterizado por uma rede troncoalimentadora constituída por um conjunto de sete terminais de integração, um conjunto de linhas troncais que fazem a ligação desses terminais ao centro da cidade, um conjunto de linhas alimentadoras, circulares e complementares, integradas nos terminais, além de um conjunto de linhas não integrantes, denominadas convencionais (Quadro 1). Essa rede compreende um sistema composto de um conjunto de 223 linhas diurnas, sendo a operação feita por 23 empresas, com um total operante de 1.690 ônibus, movimentando em torno de 26 milhões de passageiros por mês, com uma demanda diária de aproximadamente 900 mil passageiros (ETUFOR, 2008).

As linhas do SIT-FOR estão distribuídas espacialmente em nove corredores de transporte público, os quais apresentam configuração radial, ou seja, em torno da área central de Fortaleza. Os corredores são: 1) Rua Guilherme Rocha/Avenida Francisco Sá; 2) Avenida Bezerra de Menezes/Avenida Sargento Hermínio; 3) Avenida José Bastos/Avenida João Pessoa; 4) Avenida dos Expedicionários; 5) Avenida Luciano Carneiro; 6) Avenida Aguanambi/BR 116; 7) Avenida Domingos Olímpio/Avenida Heráclito Graça; 8) Avenida Santos Dumont; 9) Rua Pereira Filgueiras/ Avenida Abolição.

Quadro 1 – Tipificação das linhas de ônibus que operam no SIT-FOR

Tipos de linha	Caracterização
Alimentadoras	Ligam um ou mais bairros a um terminal
Troncais	Ligam um terminal à área central, parando ao longo do itinerário
Troncais expressas	Ligam um terminal à área central, parando somente em trecho específico
Complementares	Ligam bairros distantes passando por um ou mais terminais
Circulares	Fazem a ligação de bairros distantes passando por um ou mais terminais
Convencionais	Ligam um bairro ao Centro sem passar por terminais

Fonte: ETUFOR (2008)

O SIT-FOR entrou em operação em 1992, com o objetivo de realizar uma integração física e tarifária entre os terminais. Essa integração possibilita a acessibilidade a vários pontos da cidade com o pagamento de uma só tarifa.

Os terminais de integração caracterizam-se por ser um tipo de intervenção urbanística que, grosso modo, visam a ampliar o raio de alcance dos citadinos às diversas áreas da cidade. Eles são considerados essenciais para a efetiva realização cotidiana da mobilidade e, nesse sentido, para a reprodução da força de trabalho. Fortaleza possui sete terminais fechados, Antônio Bezerra, Papicu, Messejana, Lagoa, Conjunto Ceará, Parangaba e Siqueira, integrados, e dois terminais abertos não integrados, que se encontram no Centro de Fortaleza. Tanto os terminais abertos quanto os fechados podem ser visualizados na Figura 1.

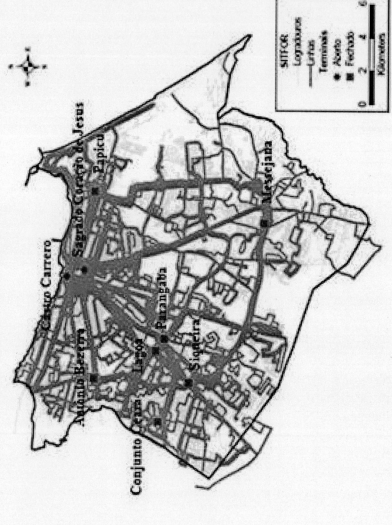

Figura 1 – Espacialização dos terminais abertos e fechados do SIT-FOR

Fonte: ETUFOR (2008)

Os terminais de Antônio Bezerra e de Messejana foram implementados em 1992; os do Conjunto Ceará, Lagoa, Parangaba e do Papicu em 1993. O mais novo terminal, o do Siqueira, começou a funcionar em 1995. No Quadro 3, observam-se os terminais e suas respectivas áreas de influência segundo a Pesquisa O/D, de 1999.

Quadro 2 – Terminais de ônibus de Fortaleza e sua cobertura conforme a região

Terminal	Cobertura por região em Fortaleza
Antônio Bezerra	Regiões oeste e noroeste de Fortaleza
Papicu	Região nordeste e os bairros de Cidade 2000, Aldeota, Varjota e Praia do Futuro
Messejana	Região sudeste de Fortaleza
Parangaba	Região sudoeste e os conjuntos José Walter e Esperança
Lagoa	Região sudoeste
Conjunto Ceará	Atende aos residenciais que compõem o Conjunto Ceará, situados na região oeste
Siqueira	Região sudoeste, formada pelos bairros de Parque Santa Rosa, Canindezinho, Parque Santa Cecília, Bom Jardim, entre outros

Fonte: Pesquisa O/D (1999)

Ao analisarmos os dados da Pesquisa O/D (1999) sobre a mobilidade urbana em Fortaleza e em relação aos demais municípios da Região Metropolitana, verificamos o grande peso da metrópole, portanto de sua centralidade, com um percentual de 77% do total das viagens diárias. As viagens com origem e/ou destino a outros municípios pertencentes à RMF representaram 22,7% do total; os demais 0,4% correspondem a viagens com origem e/ou destino fora dos limites da RMF, ou seja, viagens externas (Gráfico 12).

Ainda segundo a citada pesquisa, os habitantes de Fortaleza realizam diariamente 3,4 milhões de viagens, sendo 34% destas realizadas por ônibus. Na hora de pico pela manhã (de 6h30min a 7h30min), essas viagens correspondem a um total de aproximadamente 196 mil passageiros, cuja origem e destino localizam-se principalmente no próprio município de Fortaleza, como explicitado. Cabe ressaltar que mais de 10 anos nos separam da realização da Pesquisa O/D para a RMF, o que a tornaria, em princípio, defasada. Julgamos, porém, que não se distancia muito da realidade atual, por isso resolvemos considerá-la, haja vista a riqueza que aporta e também considerando a escassez de estudos que abordem a questão dos transportes em Fortaleza.

Um dado interessante é que essas viagens internas tinham como principais destinos os bairros Centro, Iracema, Aldeota e Meireles, correspondendo a 35% das viagens pesquisadas nos terminais do Conjunto Ceará e do Lagoa. Nos terminais Siqueira, Parangaba, Messejana e Antônio Bezerra, a porcentagem foi da ordem de 40% e no terminal do Papicu de 53% (Tabela 9).

Gráfico 12 – Viagens diárias na RMF – 1999

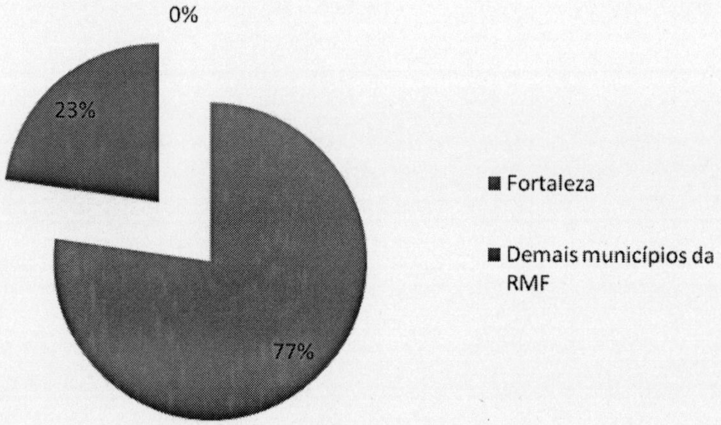

Fonte: Pesquisa O/D (1999)

Como mencionado em nossa pesquisa, com base nos dados da Pesquisa O/D (PREFEITURA DE FORTALEZA, 1999), constata-se que 39% das viagens realizadas no município de Fortaleza foram efetuadas a pé, seguindo-se de 37% realizadas por ônibus (Quadro 3). Mais de 68% desse total de viagens tinha como principal motivador o trabalho, seguido por estudo, com 12,9%; compras/lazer, 6,9% e saúde, 3,2%.

Tabela 9 – Principais zonas de origem de viagens por terminais

Terminal	Zonas de origem das viagens	%
Antônio Bezerra	Centro/Iracema	26,1%
	Aldeota/Meireles	13%
Papicu	Centro/Iracema	14,7%
	Aldeota/Meireles	38%
	Cocó /Dunas /Edson Queiroz	10,8%
	Messejana	3,1%
Messejana	Centro / Iracema	27,3%
	Aldeota /Meireles	13,2%
	Messejana	13,4%
	Aeroporto / Fátima	5,5%
	Papicu	4%
Parangaba	Centro / Iracema	23,4%
	Aldeota /Meireles	15,5%
	Montese / Itaoca	7,1%
	Aeroporto / Fátima	5,3%
	Papicu	4,3%
Lagoa	Centro / Iracema	24,9%
	Aldeota /Meireles	10,1%
	Montese / Itaoca	8,6%
	Aeroporto / Fátima	7,8%
	Parangaba	6,8%
	Papicu	3,2%
CConjunto Ceará	Centro / Iracema	22%
	Aldeota /Meireles	11,4%
	Antônio Bezerra	4,3%
	Parangaba	3,5%
Siqueira	Centro / Iracema	25,8%
	Aldeota /Meireles	13,1%
	Montese / Itaoca	6,5%
	Aeroporto / Fátima	5,8%
	Parangaba	5,4%
	Papicu	3%

Fonte: Pesquisa O/D (1999)

Ao verificarmos o Quadro 3, percebemos a concentração de viagens na capital, assim como a concentração de população, empregos e da frota de veículos, além de ser possível inferir a importância que assume o sistema de transporte público coletivo, cotidianamente, para a população fortalezense.

Quadro 3 – Viagens e dados socioeconômicos da RMF – 1999

Local	Modo		Viagens diárias	População	Empregos	Frota automóveis
Fortaleza	A pé		994.765			
	Bicicleta		149.775			
	Transporte coletivo	Trem	4.879			
		Ônibus	938.288			
		Lotação	8.920			
		Outros	35.753			
	Transporte individual	Autos/PaxAutos	456.380			
		Táxi	14.995			
		Outros	33.885			
Total Fortaleza			2.637.640	2.098.971	683.127	240.311
Demais municípios da RMF	A pé		295.984			
	Bicicleta		70.061			
	Transporte coletivo	Trem	37.486			
		Ônibus	216.390			
		Lotação	1.970			
		Outros	31.473			
	Transporte individual	Autos/PaxAutos	111.480			
		Táxi	1.156			
		Outros	12.722			

Total demais municípios da RMF			778.722	658.447	150.722	14.234
Total RMF (inclui as viagens externas)	A pé		1.290.925			
	Bicicleta		220.527			
	Transporte coletivo	Trem	42.800			
		Ônibus	1.161.211			
		Lotação	10.890			
		Outros	68.407			
	Transporte individual	Autos/ PaxAutos	573.915			
		Táxi	16.151			
		Outros	47.054			
Total RMF			3.431.880	2.764.343	833.849	254.545

Fonte: Pesquisa O/D (1999)

No que diz respeito aos pontos de parada de ônibus em Fortaleza, segundo a ETUFOR (2004), a cidade conta com 4.896 pontos de parada, 72,5% encontram-se sinalizados e destes apenas 28% possuem abrigo. Do percentual de paradas sinalizadas, 54,2% são caracterizadas apenas por placas afixadas aos postes de eletricidade ou a barrotes. Aqueles pontos de parada que apresentam algum tipo de abrigo estão concentrados em áreas nobres da cidade e apresentam-se de maneira despadronizada. Os pontos de parada que não apresentam algum tipo de sinalização representam 17,5% do total e se encontram, em maioria, em áreas periféricas.

Outra consideração relativa ao uso efetivo do ônibus pela população é que a estrutura do sistema de transporte público por ônibus tem a forma radiocêntrica, ou seja, é um modelo que prioriza os deslocamentos para a área central da cidade. Esse caráter rígido e indutor penaliza fortemente os usuários residentes na área periférica da cidade, os quais necessitam realizar um número maior de transbordos em suas viagens que não se destinam a essa área, ou seja, ocorre um considerável gasto de tempo, bem como há desgaste físico daqueles que diariamente precisam se deslocar pela cidade.

Não obstante a importância que o transporte público coletivo assume na mobilidade urbana dos citadinos de Fortaleza com o SIT-FOR, verifica-se que há um número considerável de pessoas que possuem pouca ou nenhuma possibilidade de acesso ao referido sistema (verificável mediante o número de viagens realizadas a pé), o que nos leva a garantir que o efetivo exercício da mobilidade no urbano, mais do que uma questão técnica, é, sobretudo, social; ou seja, pouco adianta a disponibilidade de linhas de ônibus às mais variadas áreas da cidade se o acesso a elas pela população de baixo poder aquisitivo não é efetiva.

O transporte coletivo é um serviço público essencial, conforme define a Constituição Federal, porém não atende adequadamente à população, seja em razão das elevadas tarifas, incompatíveis com o rendimento da maioria, ou pela inadequação da oferta dos serviços, principalmente nas periferias das cidades brasileiras. Em contrapartida, constata-se um estímulo crescente ao consumo de transportes individuais, como pode ser verificado em matéria publicada no jornal *O Povo*:

> Em Fortaleza o crescimento da frota de carros de 2008 para 2009 foi o maior dos últimos 10 anos. São 392.204 automóveis circulando na cidade, 24.315 a mais do que em 2008. Motoristas reclamam dos transtornos. Nos últimos 10 anos a frota de carros cresceu 88,88% no Ceará (O POVO, 2010a)[31].

O crescimento da frota de carros significa que cada vez mais o transporte está sendo pensado de maneira individual, em detrimento do transporte coletivo, que carece de investimentos (Tabela 10). Em 2009, a redução do Imposto sobre Produtos Industrializados (IPI) foi o fator de maior contribuição para esse aumento no número de vendas de automóveis, haja vista o incentivo direto do Governo Federal.

Roberto DaMatta, que esteve em Fortaleza em março de 2011, na Assembleia Legislativa do Ceará[32] participando de um debate sobre o trânsito no Brasil, reforçou o que afirmamos há pouco. Segundo o antropólogo, o modelo brasileiro de mobilidade urbana adotado no Brasil nos últimos 10 anos, fruto de um governo "popular" e "populista", favoreceu o transporte individual, tornando o pedestre uma unidade excluída do sistema. Ele considera, ainda, um agravante: o povo brasileiro não sente nenhum desconforto com a desigualdade no trânsito.

---

[31] Jornal *O Povo*, de 4 de janeiro de 2010.

[32] Disponível em: www.youtube.com/watch?v=CzLLRdT3yxM.

Ainda na reportagem de 4 de janeiro de 2010, verifica-se que de 2008 para 2009, a frota de motocicletas no Ceará aumentou 16,18%, passando de 496.704 para 577.115. Desse total, 78% estão fora de Fortaleza, onde a mobilidade cotidiana das pessoas é bem mais difícil em razão do insuficiente e precário serviço de transporte público que atenda aos moradores das áreas rurais. A motocicleta passou a ser mais acessível, não somente em relação ao preço, mas também por ser um veículo de duas rodas, o que o torna mais adequado aos itinerários, uma vez que a presença de estradas em condições de tráfego é mais difícil nas áreas rurais.

Tabela 10 – Percentual do crescimento da frota de carros 1999-2009 em Fortaleza

Período	%
1999-2000	6,7%
2000-2001	6,9%
2001-2002	6,2%
2002-2003	5,4%
2003-2004	4,6%
2004-2005	5%
2005-2006	6,2%
2006-2007	7,8%
2007-2008	8%
2008-2009	8,4%

Fonte: Detran-CE (2010)

Dados mais recentes segundo o Departamento Nacional de Trânsito (DETRAN, 2010) [33]- Fortaleza possui a maior frota de veículos da região, com 687.732 veículos em circulação, o que a situa na oitava posição no ranking nacional.

Em contrapartida, o transporte público fica relegado a segundo plano, como ilustra matéria d'*O Povo*, de 2009:

> Filas desorganizadas, demora, superlotação e tumulto no embarque e desembarque trazem insegurança para a rotina de quem usa o transporte coletivo. A tensão é diária. Quem precisa passar nos terminais no horário de pico relata que a

---

[33] Fica atrás apenas de: São Paulo (SP), Rio de Janeiro (RJ), Belo Horizonte (MG), Curitiba (PR), Brasília (DF), Goiânia (GO) e Porto Alegre (RS).

jornada é motivo de estresse [...]. O Professor Januário Nascimento deixou de pegar ônibus no terminal de Parangaba e paga uma passagem a mais para evitar as confusões das fila (O POVO, 2009)[34].

A situação citada no jornal é ainda mais grave no que concerne ao serviço de transporte público, sendo frequentes notícias como esta:

> Homem morre após cair de ônibus no novo Mondubim. Superlotação: o porteiro Francisco Veras da Silva, 53 anos, não conseguiu se segurar no interior do coletivo, durante uma curva, e morreu ao bater a cabeça na queda. Usuários afirmaram que a superlotação não permitiu o fechamento da porta de acesso ao ônibus (O POVO, 2009).[35]

A reportagem refere-se a um trabalhador que, mesmo aposentado, trabalhava e, quando do ocorrido, encaminhava-se da parte sudoeste de Fortaleza, onde residia, para o bairro Aldeota, onde era porteiro. O acidente denota a precariedade do transporte público na cidade, visto que por conta do grande número de passageiros, excedendo a lotação permitida, o motorista trafegava com as portas do coletivo abertas.

Essa situação parece agravar-se nas regiões metropolitanas, e aglomerados urbanos, onde as condições de mobilidade se tornam ainda mais graves, em razão dos conflitos institucionais entre as esferas municipal e estadual. Prevalece a visão fragmentada acerca do sistema de mobilidade, em que cada modo ou serviço de transporte, sob jurisdição de cada governo (municipal, estadual ou federal), é tratado de maneira isolada (BRASIL, 2006).

Como ressaltado neste capítulo, a mobilidade é um componente importante de inserção no meio urbano por parte daqueles que habitam as cidades, contudo, constata-se que o conteúdo da mobilidade e do urbano se faz complexo na atualidade e, consequentemente, exige dos estudiosos, do urbano e da cidade, análises mais aguçadas que apreendam o significado de tais mudanças e sua implicação no cotidiano dos citadinos.

Finalizando, reforçamos neste item a ideia de que o transporte público coletivo é essencial para o exercício da mobilidade, uma vez que ela se apresenta como condição necessária para a reprodução da força de trabalho no urbano, mas que o direito constitucional de ir e vir não é assegurado para um número expressivo de pessoas que, mais do que disponibilidade de linhas de ônibus, precisam efetivamente serem incluídas no direito à cidade.

---

[34] 18 de setembro de 2009.
[35] 09 de outubro de 2009.

3.4 Bom Jardim: transporte e acessibilidade urbana

Toda a discussão empreendida até aqui demonstra a importância da mobilidade urbana como componente do urbano, no entanto, verifica-se que esta não se apresenta de maneira equitativa para todos os moradores da urbe. Essa diferença no exercício de mobilidade está atrelada ao processo de (re)produção do espaço urbano, que na cidade contemporânea reflete as contradições do modo de produção capitalista.

O bairro Bom Jardim, fruto do processo de urbanização periférica de Fortaleza, localiza-se na porção sudoeste da cidade, e sua população, em maioria pessoas de baixo poder aquisitivo, utiliza-se dos transportes urbanos públicos para a maior parte de seus deslocamentos, relacionados, sobretudo, à reprodução como força de trabalho.

A população do bairro Bom Jardim, assim como todos aqueles que moram na periferia sudoeste de Fortaleza, só foi contemplada com um terminal de integração em 1995. Este foi o ano em que o terminal do Siqueira foi implementado e é com origem nesse terminal que a população daquela área pôde se integrar a outros terminais.

O Gráfico 13 ilustra a demanda de passageiros, levando em consideração os sete terminais de integração. Nele podemos observar que o terminal do Siqueira é o terceiro mais utilizado entre os de Fortaleza. Essa constatação deve atrelar-se ao fato de que aquela área é uma das mais populosas, além do que a maioria dos habitantes depende do Sistema de Transporte Público Coletivo.

Gráfico 13 – Participação dos terminais na demanda total do SIT-FOR – 2008

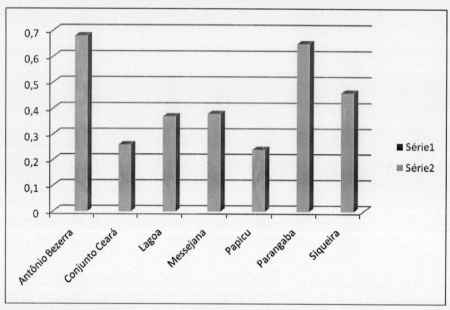

Fonte: ETUFOR (2008)

O principal eixo de ligação daquela área da cidade ao espaço urbano de Fortaleza é o corredor 3 (Avenida José Bastos/Avenida João Pessoa), que se destaca como de grande importância, apresentando o maior número de linhas em operação, a maior frota operante e o maior número de empresas operadoras, o que provavelmente decorre da presença de três terminais nas extremidades, o da Parangaba, o Lagoa e o terminal do Siqueira. Não é de se estranhar que esse também seja o corredor que apresenta os maiores problemas de congestionamento e tempo de viagem.

Como outros terminais de integração, o do Siqueira não possui estrutura adequada para atender de maneira segura a população que dele se serve, pois não há nele um local apropriado para desembarque dos usuários do SIT-FOR, fazendo com que os passageiros disputem, muito frequentemente, espaço com os veículos, correndo riscos e, não sendo rara, como já destacado, a ocorrência de sérios acidentes dentro dos terminais.

A organização interna dos terminais se restringe à denominação de cada parada, não contando com pessoal para organizar filas que possam fazer valer as prioridades garantidas por lei, efetivamente, como a dos idosos, por exemplo. Verifica-se que as pessoas contratadas para fiscalizar a dinâmica interna desses locais estão mais preocupadas em controlar o trabalhador do sistema rodoviário (motorista e cobrador) com relação ao cumprimento ou não de horários, do que em verificar o fator qualidade do serviço prestado, o que em nenhum momento é priorizado.

No que diz respeito às vias de circulação dentro do bairro Bom Jardim, observa-se que elas se apresentam, em sua maioria, de maneira inadequada, com infraestrutura completamente comprometida, esburacada, representando sérios riscos tanto aos usuários de transporte público quanto aos pedestres. É comum se ouvir a queixa de moradores que se encaminham à Secretaria Executiva Regional V (à qual o bairro em questão está vinculado) para reivindicar asfaltamento para suas ruas e recebem a notícia de que, nos documentos oficiais, estas já estão asfaltadas, o que é motivo de indignação popular.

O uso de bicicletas pela população do Bom Jardim é comum, na maioria das vezes o percurso se faz dentro do próprio bairro. Em nossa pesquisa de campo, todavia, foi possível destacar o fato de que alguns moradores usam esse modal para ir ao trabalho em bairros distintos, como a Aldeota, por exemplo. A falta de condições adequadas de infraestrutura na cidade, no entanto, com a existência de ciclovias seguras e contínuas, por um lado, e, por outro, a falta de segurança pública, com a incidência constante de assassinatos e assaltos no bairro, conduz a população cada vez mais a deixar de utilizar esse modal, pelo menos aqueles que podem optar por outros modais de transporte.

Outro aspecto ressaltado pelo trabalho de campo diz respeito ao uso da bicicleta pelos trabalhadores, que relatam utilizá-la para se livrarem do encargo financeiro da passagem de ônibus, revertendo-o como um complemento ao baixo salário que recebem. Houve relatos sobre a destinação do dinheiro da passagem para outros fins, como para provimento de alimentos.

Ainda no que tange ao transporte público coletivo, o bairro também contava em 2012 com o Sistema de Transporte Público Complementar (STPC)[36], a conhecida van, com apenas uma linha (05), que tinha seu ponto inicial no bairro Canindezinho, indo até o Shopping Iguatemi. A população que usava esse serviço preferia-o a ter que passar por terminais, alegando que a lotação dos ônibus e a desorganização nos terminais faziam com que preferissem o transporte alternativo em seus deslocamentos. Nas Figuras 2 e 3, ilustramos a cobertura das linhas de ônibus e da van 05, que atendia o bairro Bom Jardim.

[36] O STPC foi criado pela Lei nº 8.060, de 30 de setembro de 1997, e regulamentado pelo Decreto 10.222, de 30 de dezembro de 1997. Esse serviço é explorado por 320 permissionários distribuídos em 16 linhas (ETUFOR, 2008).

Outro serviço oferecido relacionado à mobilidade dessa população é o de mototáxi[37], inclusive com parada própria dentro do bairro. Esse serviço também é regulamentado pela Prefeitura de Fortaleza, responsável pela concessão de linhas.

Um fato bastante conhecido dos moradores da periferia sudoeste de Fortaleza é a dificuldade de encontrar um taxista[38] que aceite lhes prestar esse serviço. As constantes notícias de violência atreladas ao bairro Bom Jardim fazem com que os taxistas recusem a corrida até aquela área, o que é motivo de constrangimento para seus moradores.

Em síntese, verifica-se que o sistema de transporte público coletivo por ônibus caracteriza-se como de suma importância para a reprodução da força de trabalho dos moradores da periferia pobre de Fortaleza, mais precisamente do bairro Bom Jardim; e é nesse sentido que no próximo capítulo apresentamos os dados de nossa pesquisa de campo, caracterizando com maior precisão a mobilidade espacial urbana dos moradores pesquisados.

Figura 2 – Espacialização das linhas de ônibus no bairro Bom Jardim

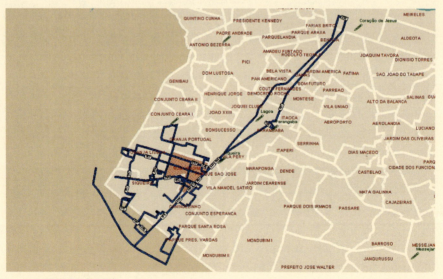

Fonte: ETUFOR (2009)

---

[37] O Serviço de Transporte por Mototáxi em Fortaleza é disciplinado pela Lei nº 8.004, de 25 de março de 1997. Podem operar no serviço apenas condutores cadastrados na ETUFOR. Esses condutores devem possuir permissão adquirida em licitação ou transferência de permissão já existente. A frota operacional de mototáxi de Fortaleza é de 2.193 veículos, havendo disponíveis 2.209 vagas (ETUFOR, 2008).

[38] O Sistema de Transporte por Táxi em Fortaleza é disciplinado pela Lei nº 4.164, de 3 de maio de 1973 (ETUFOR, 2008).

Figura 3 – Espacialização da van 05 no bairro Bom Jardim

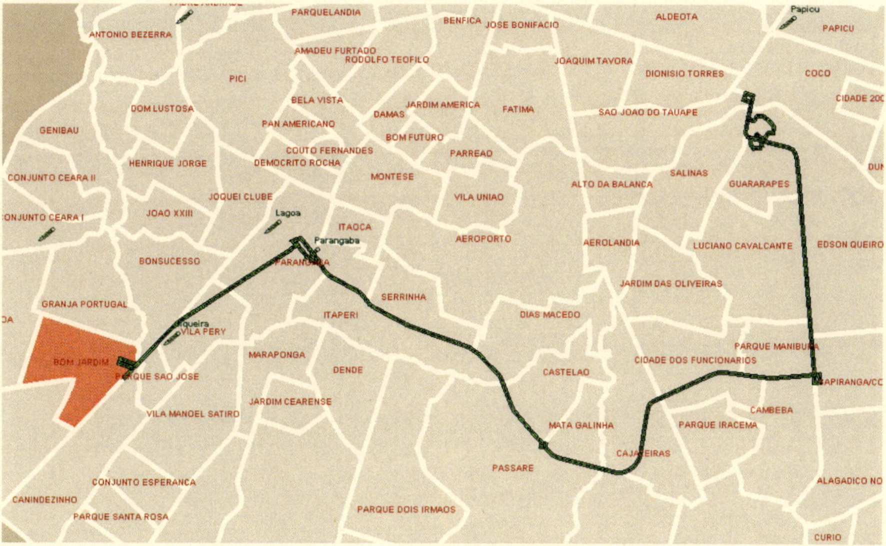

Fonte: ETUFOR (2009)

4

MOBILIDADE E ACESSIBILIDADE À CIDADE: OS MORADORES PESQUISADOS DO BOM JARDIM

Este capítulo trata da mobilidade dos moradores pesquisados no bairro Bom Jardim, ressaltando suas formas de acesso à cidade, e foi feito com base nos dados obtidos da aplicação dos questionários realizada durante os meses de junho e julho de 2010, destacando-se os aspectos essenciais na concretização dos objetivos deste estudo. Foi organizado em dois subitens: o primeiro diz respeito à mobilidade motivada pelo trabalho na cidade, enquanto o segundo discute a mobilidade relacionada ao consumo de bens e serviços.

Após tecermos considerações teóricas, procedemos à análise do perfil dos moradores trabalhadores do Bom Jardim, com base nas seguintes variáveis: ocupação principal, renda, sexo, idade e nível educacional. A análise seguinte foca a mobilidade das famílias entrevistadas no espaço urbano de Fortaleza para fins de consumo de bens e serviços.

4.1 A mobilidade da força de trabalho dos moradores do bairro Bom Jardim: reflexões teóricas

Antes de iniciarmos a discussão sobre a mobilidade do trabalhador do Bom Jardim, procederemos a algumas considerações teóricas acerca da relação mobilidade e reprodução da força de trabalho.

Jean-Paul de Gaudemar, na obra *Mobilidade do Trabalho e Acumulação de Capital* (1977), ressalta que a mobilidade do trabalho está subjugada à mobilidade do capital. Como destaca o autor, diferentemente de outras abordagens sobre o assunto, nas quais a mobilidade da força de trabalho foi tratada do ponto de vista de modo quase unânime como simples fluxo de ajustamento e de equilíbrio, pensada, ao mesmo tempo, como sinal e força de progresso econômico, Gaudemar entende que essa reflexão transita pela discussão da mercadoria força de trabalho, apropriando-se da análise de Marx, assim dialogando com ele, mas também com autores da Economia Política de conteúdo clássico.

Refletindo sobre a realidade brasileira, é possível se pensar a mobilidade do trabalho, nos termos de Gaudemar, com a passagem do modelo agrário-exportador para o urbano-industrial, pois embora sejam transformações engendradas sob a égide do mesmo modo de produção, esta impacta severamente a (re)produção da força de trabalho. Essa mudança acarretou repercussões diretas na mobilidade da força de trabalho da população economicamente ativa brasileira. Após a década de 1950, a razão econômica industrializante confere relevo e outras dinâmicas urbanas se impõem na totalidade do território brasileiro. Tanto é que, a partir de 1970, ocorre a completa inversão quanto ao lugar de residência da população do país, quando pela primeira vez a população urbana passou a ser maior do que a população rural, o que implicou extraordinária mobilidade levada a efeito por conta da mobilidade do capital.

Para Gaudemar (1977, p. 24), essa mobilidade do capital "provoca fluxos de homens apenas ao ritmo das contrações ou expansões do capital". O autor complementa:

> Quantos desenraizamentos frequentemente dolorosos, senão sempre dramáticos, quantos sinais de um progresso ilusório que modela a paisagem social e humana apenas à imagem desumana de polarização capitalista do espaço. É o que se pode chamar de desordenação do território (GAUDEMAR, 1977, p. 24).

Mencionado autor ressalta que, já no século XVIII, o discurso econômico que caracterizava a mobilidade do trabalho como fenômeno estrutural se afirmou com o liberalismo econômico. Ele acrescenta não ser por acaso que a discussão da mobilidade do trabalho adquire o primeiro status conceitual com base numa reflexão não sobre o trabalho, mas acerca do espaço onde se exerce, sobre seu campo de atividades e relações sociais pelas quais é constituído. Qualquer interrogação a respeito do trabalho é efetivamente afastada, escondendo-se as relações sociais por trás dos agregados econômicos e a questão de seus antagonismos por trás do equilíbrio geral (GAUDEMAR, 1977).

Gaudemar acentua que o ponto de partida da elaboração marxista sobre essa questão é o pensamento sobre o trabalho com base na crítica dos estudos clássicos acerca do conceito de força de trabalho. Força de trabalho, com respaldo nessa crítica, é então definida como a mercadoria que um homem possui ou, ainda, o conjunto de faculdades psíquicas, físicas e intelectuais que existem no corpo do homem, em sua personalidade viva e que ele tem de pôr em movimento para produzir coisas úteis; mercadoria que tem a virtude de transformar dinheiro em capital.

No primeiro plano, a mobilidade da força de trabalho é introduzida como a condição de exercício da sua liberdade (em sua dupla determinação: positiva e negativa) de se deixar sujeitar ao capital, de se tornar a mercadoria cujo consumo criará o valor e, assim, produzirá o capital.

Para Gaudemar, a relação entre a mobilidade e a liberdade da força de trabalho pode ser ainda precisada. Em seu aspecto positivo, a liberdade conduz à possibilidade de o trabalhador escolher seu trabalho e o local onde irá exercê-lo; em seu aspecto negativo, ela carreia às exigências do capital e ao poder de despedir em qualquer altura um trabalhador ou de transformar seu trabalho e as condições em que ele o exerce. Em ambos os casos, a força de trabalho deve ser:

> [...] imóvel, isto é, capaz de manter os locais preparados pelo capital, quer tenham sido escolhidos quer impostos; e móvel quer dizer, apta para as deslocações e modificações do seu emprego, no limite tão indiferente ao conteúdo do seu emprego como o capital o é de onde investe desde que o lucro extraído seja satisfatório (GAUDEMAR, 1977, p. 190).

A mobilidade da força de trabalho aparece nas reflexões de Gaudemar como uma característica do trabalhador submetido ao capital e, por essa razão, do modo de produção capitalista. Ela funda a condição de exercício da força de trabalho como mercadoria, distinguindo definitivamente o trabalhador livre do escravo, cuja capacidade de trabalho é estável e só se emprega de maneira tradicional e local, de uma vez por todas.

A mobilidade da força de trabalho surge, então, como condição necessária da gênese do capitalismo e como um índice de seu desenvolvimento, conduzindo imediatamente às condições de existência do capitalismo, que são "a produção da força de trabalho, a sua utilização no processo de produção, e a sua circulação entre as diferentes esferas de atividades" (GAUDEMAR, 1977, p. 192).

Cabe destacar, ainda, que não obstante essa forma de mobilidade da força de trabalho que se traduz na incorporação de trabalhadores antes submetidos a um modo de produção e que passam a servir outro, Gaudemar cita duas outras modalidades de mobilidade da força de trabalho, a saber: a utilização da força de trabalho que seria o instante da submissão da mobilidade do trabalhador às exigências do capital, como no interior da fábrica, quando o trabalhador realiza diversas atividades exercendo uma dita "flexibilidade"; e por fim a circulação das forças de trabalho que se dá quando da submissão da mobilidade do trabalhador às exigências do mercado, aquele em que o trabalhador, à mercê do capital e de suas crises periódicas, se desloca de uma esfera de atividade para outra, ou de um setor da economia a outro.

Gaudemar (1977, p. 265) explicita que "O capitalismo torna o trabalhador livre, móvel. Livre isto é, livre de se vender, livre de se vender apenas ao capital. Móvel, isto é, capaz de ir sozinho ao mercado para se vender e se submeter à expropriação capitalista".

Além de Marx, Gaudemar cita Rosa Luxemburgo e Lênin, por compreender que eles combateram a impressão generalizada de facilidade e equilíbrio acerca das questões relativas à mobilidade. Gaudemar garante que Luxemburgo precisou o debate em torno da produção da força de trabalho, em seu estudo de como o capitalismo alargou sua esfera de extorsão de mais-valia, portanto, de reprodução de força de trabalho. E destaca: "É evocando as condições concretas de realização da reprodução alargada, que Luxemburgo aborda diretamente questões que até aqui, nos preocuparam, principalmente na nossa leitura de Marx" (GAUDEMAR, 1977, p. 353).

Já quando cita Lênin, Gaudemar assevera que ele, ao estudar a constituição da formação social capitalista, com base numa sociedade feudal, chega também ao enunciado das teses acerca da transformação do trabalho para uso capitalista, tendo ele afirmado o papel de algumas das formas de mobilidade do trabalho no desenvolvimento do capitalismo. Para Lênin, na leitura de Gaudemar, o desenvolvimento interno de uma formação social é o que caracteriza a descrição de um vasto processo de mobilidade social, em que todos os atores da cena social mudam de fatos ou atribuições, mesmo se as relações de poder se mantêm frequentemente imutáveis. Tais pontos, no entanto, nunca são o objeto central de suas obras.

Gaudemar ressalta também que não é o deslocamento geográfico em si que nos deve chamar atenção, mas o que ele significa. E mais: o deslocamento espacial humano e as transformações no espaço. Para finalizar, é enfático ao assinalar que:

> É necessário reconstituir esta dimensão desconhecida da obra de Marx, pois esta reconstituição trás em si a condenação

de um discurso sobre as forças produtivas que oculta o que seu desenvolvimento capitalista impõe às massas populares (GAUDEMAR, 1977, p. 59).

Como ressaltado, a compreensão da mobilidade da força de trabalho à luz de Gaudemar possibilita melhor entendimento no atinente às mudanças ocorridas no espaço urbano brasileiro no século XX, quando há uma nova dinâmica no território e a população inverte seu lugar de moradia, convergindo para a área urbana.

Trazendo essa discussão teórica para a realidade brasileira, Deák e Schieffer (1999), que se referiram à natureza dessa urbanização e sua relação com a força de trabalho, destacam que, no Brasil, em meados do século XIX, duas medidas fundamentais foram tomadas no sentido de facilitar a mobilidade da força de trabalho: a promulgação da lei de terras (1850) e a supressão de fato da importação de escravos (1888).

A promulgação da lei de terras preparava a condição institucional da existência do trabalho "livre", ou seja, do trabalho assalariado, transformando a terra em propriedade privada, impedindo os trabalhadores de ter acesso aos meios de sobrevivência, no caso a terra, obrigando-os a gradativamente venderem sua força de trabalho e, com o salário recebido, comprar seus meios de sustento, enfileirando o mercado consumidor e proporcionando a circulação de mercadorias (DEÁK; SHIEFFER, 1999).

A segunda medida, ou seja, a supressão da importação de escravos, em 1888, fez com que a nova relação de trabalho, isto é, o assalariamento, se concretizasse, uma vez que os trabalhadores, desprovidos de seus meios de subsistência, afluíam às cidades em busca de emprego. Dessa forma, estavam dadas as condições para que a mobilidade da força de trabalho da população brasileira se concretizasse (DEÁK; SHIEFFER, 1999).

Oliveira (1988) também reflete a respeito da natureza da reprodução da força de trabalho no urbano, à medida que há o avanço do processo de: industrialização, urbanização e trabalho assalariado. Em suas palavras:

> À medida que a urbanização avança, à medida que as novas leis de mercado se impõem, o custo de reprodução da Força de Trabalho (FT) urbana passa a ter componentes cada vez mais urbanos: isto é, o custo da reprodução da FT também se mercantiliza e industrializa. Em termos concretos, o transporte, por exemplo, não pode ser resolvido pelo trabalhador senão pelos meios institucionalizados e mercantilizados que a sociedade oferece, a energia elétrica que ele e sua família uti-

> lizam também não comporta soluções primitivas, a educação, a saúde, enfim todos os componentes do custo de reprodução, se institucionalizam, se industrializam, se transformam em mercadorias [...] As mudanças não se refletem no preço da FT (OLIVEIRA, 1988, p. 56).

Como ressalva Oliveira, o modo de vida urbano impõe várias mudanças de valores e transforma as necessidades mais elementares em mercadoria. A mobilidade da força de trabalho, nesses termos, reafirma a proposição de que a mobilidade a que nos referimos é muito mais do que aquela que considera apenas o aparato técnico disponível no território para servir ao deslocamento dos citadinos.

4.2 O trabalhador morador do Bom Jardim

Iniciamos nossas análises pelos indicadores apontados por Vasconcellos (2001), como aqueles que mais interferem na mobilidade, que são ocupação principal, renda, idade, sexo e nível educacional. Justificamos a escolha desses indicadores por serem essenciais na caracterização de uma dada população, ao mesmo tempo que compreendemos que eles não podem ser considerados de maneira isolada, mas como elementos correlacionados.

Como já ressaltado, os dados utilizados neste capítulo foram obtidos da pesquisa direta com a aplicação de 134 questionários, empregando-se visitas às unidades domiciliares como critério para a amostragem. Chegamos, porém, a um total de 236 trabalhadores, haja vista que houve enorme frequência de mais de um trabalhador por unidade familiar. Sendo assim, a análise se baseia no segundo dado, haja vista permitir melhor detalhamento.

A primeira constatação refere-se ao gênero, ou seja, do total dos trabalhadores pesquisados, 61% correspondem ao sexo masculino e 39% ao sexo feminino, denotando que, embora a inserção da mulher no mercado de trabalho venha aumentando consideravelmente entre as diversas camadas da população urbana brasileira, ainda há maior participação da mão de obra masculina no mercado de trabalho. No caso do Bom Jardim, acredita-se que essa realidade esteja associada, em parte, ao baixo nível de escolaridade constatada nos dados obtidos com o questionário e talvez pela própria necessidade de as mulheres se manterem em casa cuidando dos filhos e afazeres domésticos, embora, como veremos mais adiante, muitas delas desenvolvam atividades na própria residência como forma de obtenção de renda.

Quanto à ocupação, fator fundamental na caracterização dos trabalhadores do bairro, observou-se uma gama variada de atividades. Estas, porém, estão relacionadas àquelas atividades que exigem menos qualificação ou mesmo associadas a salários mais baixos. Entre elas destacam-se: açougueiro, cobrador, cozinheiro, garçom, operário, motorista, mecânico, frentista, feirante, entre outras (Gráfico 14).

Gráfico 14 – Ocupação dos trabalhadores do Bom Jardim

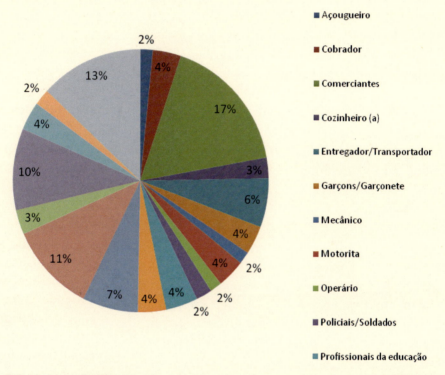

Fonte: a autora (2010)

Um aspecto já evidenciado na Pesquisa Socioparticipativa do Grande Bom Jardim e reafirmado por nós, em campo, é o percentual significativo de trabalhadores que possuem algum tipo de negócio na própria residência, ou seja, aqueles que se intitulam comerciantes autônomos, o que denota o peso das atividades informais na composição do trabalho da população entrevistada.

Muitos dos trabalhadores formais, entre os quais os que desenvolvem atividades como porteiros e vigias de edifícios, assim como garçons, trabalham em áreas mais nobres da cidade, como a Aldeota e o Meireles. No que tange à participação das mulheres nesse grupo de trabalhadores, cabe salientar que, em geral, elas realizam funções de cozinheira, doméstica, diarista e também de cabeleireira, manicure, notadamente aquelas atividades ligadas a serviços de beleza, e que são muito difundidas nos diversos bairros de Fortaleza. Essas atividades recebem o devido destaque como meio de sobrevivência principalmente para pessoas do sexo feminino, consoante é constatado pelos variados salões de beleza, que vão dos mais simples aos mais sofisticados. Nos bairros mais pobres, essas atividades são realizadas na própria residência, sendo comuns placas indicando a presença desses serviços. Foram, ainda, constatadas atividades vinculadas ao setor público, como funcionários de Correios, de escolas (merendeira e professora), de postos de saúde (auxiliar de enfermagem) e segurança pública (policiais).

Quanto ao trabalho como operário, foram poucos os identificados em nossos questionários, mesmo considerando a proximidade do bairro Bom Jardim com o polo Industrial de Maracanaú, na RMF. Esse fato denota o pouco peso da atividade industrial na configuração do perfil do trabalhador na cidade de Fortaleza, mesmo considerando que nosso estudo representa apenas uma amostra da realidade do trabalho na capital do estado.

A maioria dos trabalhadores, identificados nos questionários, está na informalidade, correspondendo a cerca de 58%, estando muito próximo do percentual relativo a Fortaleza, que é de 57%, segundo o Instituto de Desenvolvimento do Trabalho – IDT (2008), o que reforça a precária inserção dessa população como força de trabalho nas atividades ditas produtivas e, em decorrência, no espaço urbano (Gráfico 15).

Vale destacar que as ocupações indicadas no Gráfico 5 tanto podem estar relacionadas à inserção no mercado de trabalho formal como informal, podendo-se adiantar que existe intensa relação dessas atividades informais com o trabalho desenvolvido no bairro Bom Jardim.

Gráfico 15 – Condição de trabalho dos trabalhadores pesquisados

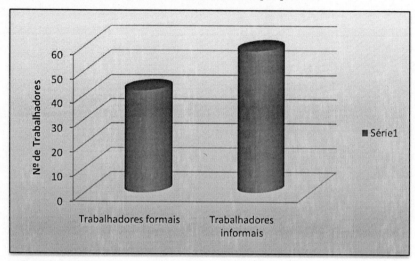

Fonte: a autora (2010)

Esmiuçando melhor a situação do trabalhador residente no Bom Jardim, estabelecemos uma lista de situações, com respaldo nas informações fornecidas pelos respondentes, que retratam os tipos de contratos estabelecidos entre trabalhadores e seus contratantes, que vão desde o trabalho avulso, portanto, informal, até os regidos pela Consolidação das Leis do Trabalho – CLT e funcionários públicos.

Ressaltamos que, dos 58% dos trabalhadores pesquisados na informalidade, parte significativa é de mulheres, representando quase metade desse percentual. Elas trabalham em casa como forma de contribuir com a renda familiar, lançando mão de suas habilidades como costureiras ou fazendo trabalhos artesanais, muitas delas vendendo seu produto de porta em porta ou, ainda, comerciando sua força de trabalho para as mais variadas confecções da cidade, por meio das facções.

Esse tipo de trabalho denominado facção é executado, principalmente, por mulheres, embora se tenha constatado também a participação da mão de obra masculina nessa ocupação. Não foi possível, porém, detectar para quais indústrias essas mulheres trabalham, se são estabelecimentos de grande, médio ou pequeno porte, em que bairros se localizam nem que tipo de "contrato" é estabelecido para sua execução. A falta dessa informação e a forma como foi explicitada nos levaram a incluí-lo no trabalho por conta própria. Consideramos, todavia, um ponto interessante a ser aprofundado em pesquisas posteriores, haja vista a polêmica que suscita essa constatação empírica, que demanda reflexão teórica sobre relações de trabalho dessa natureza. No Gráfico 16, é possível constatar as ocupações citadas entre aquelas realizadas pelas trabalhadoras que declararam trabalhar por conta própria, destacando-se um percentual de 59% para o trabalho de costureira.

Gráfico 16 – Ocupação das trabalhadoras por conta própria

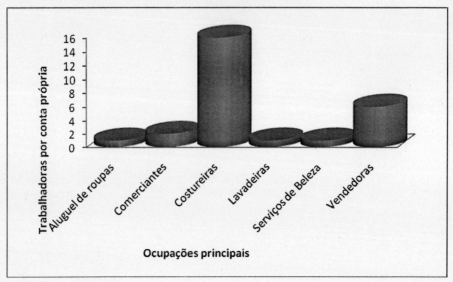

Fonte: a autora (2010)

Quanto àquelas atividades desenvolvidas por homens, ainda no que diz respeito ao trabalho declarado por conta própria, verifica-se variedade maior de ocupações, destacando-se comerciantes, mecânicos de automóveis e feirantes (Gráfico 17). As feiras citadas estão localizadas no Centro (Praça da Lagoinha), no Meireles (Feirinha da Beira Mar) e em Maracanaú (Ceasa).

De modo geral, e independentemente do gênero, o bairro mais citado para a realização de trabalhos por conta própria foi o próprio Bom Jardim, com 68%, seguido do Centro. Esses trabalhadores não necessitam deslocar-se cotidianamente para outros bairros, salvo a mobilidade que exercem esporadicamente para bairros mais próximos de suas residências, com o objetivo de adquirir produtos para abastecer seus negócios. Ressalta-se, ainda, que, como o trabalhador informal não tem direito ao vale-transporte, assim como a maioria dos trabalhadores formais, o potencial de exercício da mobilidade no urbano é prejudicado, ficando à mercê de estratégias desenvolvidas cotidianamente por essa população trabalhadora em seu processo de reprodução.

Gráfico 17 – Ocupação dos trabalhadores do sexo masculino – por conta própria

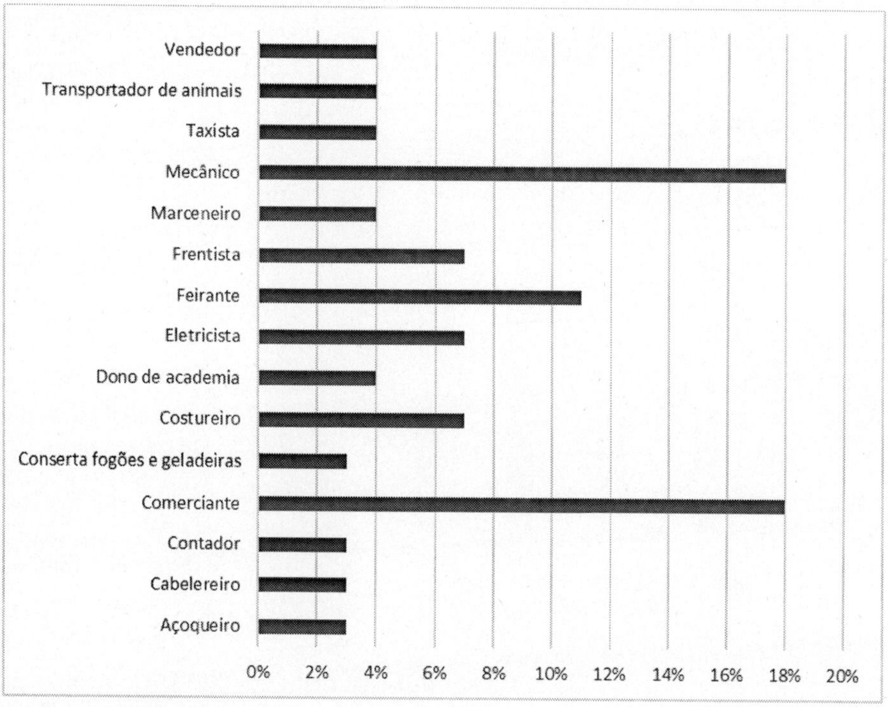

Ocupação	%
Vendedor	4%
Transportador de animais	4%
Taxista	4%
Mecânico	18%
Marceneiro	4%
Frentista	7%
Feirante	11%
Eletricista	7%
Dono de academia	4%
Costureiro	7%
Conserta fogões e geladeiras	3%
Comerciante	18%
Contador	3%
Cabelereiro	3%
Açoqueiro	3%

Fonte: a autora (2010)

Os trabalhadores com carteira assinada, ou seja, considerados formais, são na maioria homens, correspondendo a um percentual de 71%. Em geral, têm como local de trabalho o Centro de Fortaleza e o bairro Aldeota que, como destacado, é um bairro no qual habita uma população de poder aquisitivo mais alto que, ao se fixar naquela área da cidade, influenciou a concentração de atividades comerciais (destacando-se o comércio de luxo), bancárias, administrativas, de lazer e de serviços.

No que diz respeito ao grau de instrução dos trabalhadores pesquisados, de maneira geral, constata-se que mais da metade (ou seja, 62%) possui entre o primeiro grau incompleto e o segundo grau completo. Esse baixo nível de escolaridade exerce influência direta sobre o tipo de ocupação dessa população que, como vimos, se caracteriza, tradicionalmente, em uma realidade como a nossa, por salários em geral mais baixos. O que predomina de fato é a baixa escolaridade, considerando-se que 31% não chegaram sequer a completar o primeiro grau e ainda se constata um percentual de 3% de trabalhadores que apenas sabem escrever o nome e 5% de analfabetos, realidade que torna ainda mais difícil a inserção dessas pessoas no mercado de trabalho e na própria vida da cidade. Também foi detectado, contudo, nos questionários, um percentual significativo de pessoas com nível superior completo e, também, incompleto, perfazendo 3% em cada situação (Gráfico 18).

Gráfico 18 – Grau de instrução do trabalhador do Bom Jardim

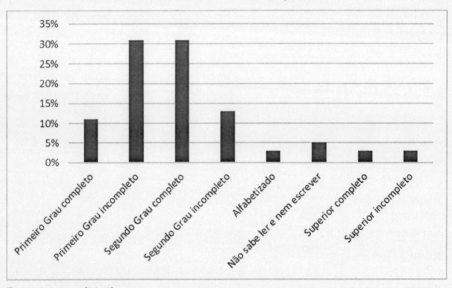

Fonte: a autora (2010)

Com relação à idade verifica-se que os trabalhadores do Bom Jardim estão em uma faixa etária que vai de 17 a 70 anos de idade. No caso do trabalhador de mais de 60 anos, as ocupações citadas e, em particular, para o sexo masculino, foram aquelas relacionadas a construção civil, mecânico de automóveis, conserto de fogões e geladeiras e também feirante. No que diz respeito ao sexo feminino, o predomínio foi de domésticas e costureiras. No Gráfico 19, ressaltamos o significativo número de trabalhadores na faixa etária entre 20 e 30 anos.

Gráfico 19 – Faixa etária dos trabalhadores do Bom Jardim

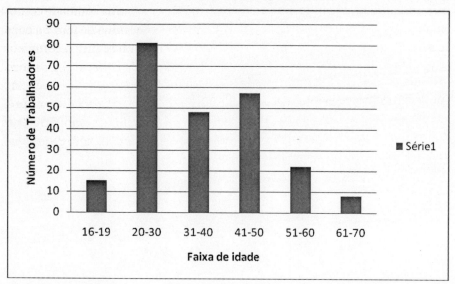

Fonte: a autora (2010)

No que tange à renda, consideramos a renda mensal da família e não a do trabalhador, individualmente, estabelecendo-se, pois, uma relação entre estrutura familiar (tamanho) e seu rendimento mensal; relação esta que, segundo Vasconcellos (2001), afeta diretamente o exercício de mobilidade, pois, quanto maior a família e quanto menor a renda familiar, menor é o potencial de mobilidade para os integrantes do núcleo familiar. Verificamos que significativos 46% das famílias recebem até dois salários mínimos e que 34% contam com dois e três salários mínimos. Ao analisarmos a estrutura (tamanho) dessas famílias, verificamos que em média vivem quatro habitantes por domicílio, embora tenhamos registrado casos em que em uma só residência viviam 16 pessoas e essa mesma família só contava com um salário mínimo mensal. Observamos, também, que 2% das famílias entrevistadas não contam com rendimento algum. Em contraposição foi detectado percentual de 5% de famílias que atestaram um rendimento entre cinco e dez salários-mínimos.

4.3 Mobilidade e trabalho dos moradores pesquisados

Ao analisarmos as informações coletadas em campo, verificamos que o município de Fortaleza se destaca como lócus de emprego para um percentual significativo da população do bairro Bom Jardim, haja vista que 94% dos trabalhadores pesquisados exercem mobilidade cotidianamente nesse município por motivo de trabalho (Gráfico 20). Foram citados 44 bairros da cidade, motivadores desse tipo de mobilidade, com destaque para o próprio Bom Jardim, seguido de Aldeota, Centro, Papicu, Parangaba e Bairro de Fátima; ou seja, os maiores fluxos (Mapa 6) motivados cotidianamente por deslocamentos relacionados a trabalho no espaço urbano de Fortaleza se destinam aos bairros citados, o que não causou estranheza, mormente por causa do considerável número de equipamentos urbanos neles localizados e consequente demanda por mão de obra.

PRODUÇÃO DO ESPAÇO, SEGREGAÇÃO SOCIOESPACIAL E MOBILIDADE NA METRÓPOLE

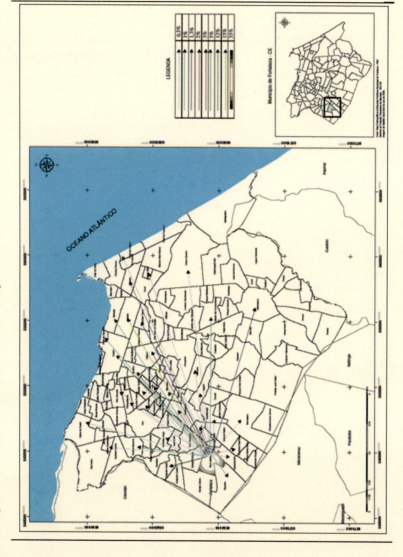

Mapa 6 – Mobilidade por trabalho dos moradores do bairro Bom Jardim entrevistados

Fonte: a autora (2010)

Uma constatação, que só à primeira vista surpreendeu, diz respeito ao fato de que, do total de 236 trabalhadores pesquisados, 37% trabalham no próprio bairro, exercendo mobilidade, principalmente, a pé. Isto talvez esteja relacionado ao tipo de ocupação e também ao baixo grau de instrução desses trabalhadores na informalidade, conforme fizemos referência, levando-nos a refletir sobre a relação desse fato com a mobilidade.

Outros municípios da RMF também empregam mão de obra da população que mora n Bom Jardim. Maracanaú foi o município mais citado, seguido por Aquiraz, Eusébio, Pacajus, Pacatuba, São Gonçalo do Amarante, Caucaia e Maranguape, porém sem muita expressão. No caso de Maracanaú, as ocupações detectadas foram: realização de frete na Ceasa; operária (indústria de EVA); carpinteiro; entregador de bebidas em depósito; feirante (a feira citada foi a localizada na Ceasa); técnico em edificações; pedreiro; soldador de autos e vendedor de planos funerários.

Gráfico 20 – Mobilidade dos trabalhadores pesquisados na RMF

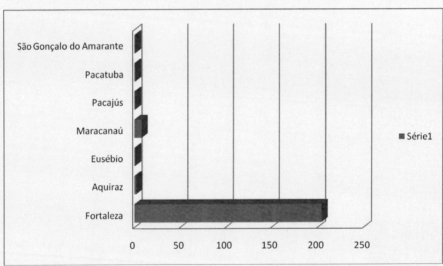

Fonte: a autora (2010)

O principal modal utilizado pelos trabalhadores entrevistados, de uma forma geral, para o deslocamento casa-trabalho-casa (Gráfico 21) foi, como era de se esperar, o transporte público coletivo, considerando-se o peso desse tipo de transporte na condução do povo pobre que habita as cidades brasileiras, seguido dos deslocamentos realizados a pé, de motocicleta e, finalmente, por automóvel.

O uso do transporte coletivo, pelos trabalhadores com carteira assinada, é reforçado pela concessão do vale-transporte eletrônico, o conhecido *passecard*, ou mesmo pelo recebimento diário (conforme regulamento) do recurso financeiro destinado pelo empregador para esse fim.

Alguns trabalhadores nos deram o depoimento de que, sempre que possível, ao receberem o recurso financeiro do patrão, que se destinaria a pagar a condução até seu trabalho, o utilizavam na compra de alimentos para a família, optando pelo uso da bicicleta como alternativa. Essa situação foi detectada entre algumas pessoas que trabalham na Aldeota. Essa afirmação demonstra o quanto a questão técnica do transporte por si só não garante uma efetiva mobilidade e acessibilidade à cidade, ao trabalhador pobre e precarizado, pois a disponibilidade de linhas de ônibus aos mais diversos espaços da cidade por si não resolve a questão do acesso. Fica ainda mais claro que o salário mínimo é irrisório para atender às necessidades mínimas das famílias pesquisadas.

Nossa afirmação ganha ainda mais força quando relembramos os dados da Pesquisa O/D de 1999, em que o número de deslocamentos realizados a pé supera aqueles efetivados via transporte público coletivo, no caso, por ônibus, fato que demonstra o difícil acesso ao Serviço de Transporte Público Coletivo de Fortaleza e, ainda, as estratégias de inserção e acesso à cidade por parte de sua população.

Gráfico 21 – Modal principal utilizado pelos trabalhadores do Bom Jardim

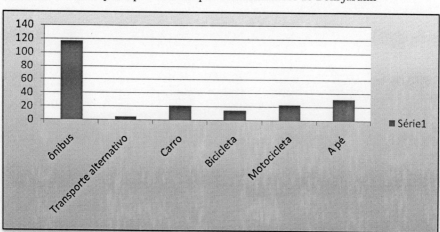

Fonte: a autora (2010)

Ao analisarmos o perfil dos trabalhadores que exercem mobilidade relacionada ao trabalho no próprio bairro, ou seja, no Bom Jardim, verificamos que 40% destes não chegaram a completar o primeiro grau do ensino fundamental e 18% concluíram o segundo grau. Constata-se, ainda, que 7% dos entrevistados não sabem ler ou escrever. Fica evidente a relação entre o nível de escolaridade dos entrevistados com o tipo de atividade que desenvolvem. As ocupações mais mencionadas foram: costureira(o), faccionista, zeladora, comerciante, cabeleireiro, mecânico, vendedor(a), lavadeira, manicure, proprietário de academia, aluguel de roupas, frentista carroceiro, conserto de fogões e geladeiras e catadores de resíduos sólidos. Assim, quando analisamos o tipo de relação trabalhista destes, observamos que predomina a atividade descrita como trabalho por conta própria, com expressivos 49% do total.

Ressaltamos que 25% do total dos entrevistados que declararam trabalhar no próprio bairro, no período de nossa pesquisa, estavam envolvidos com atividades relacionadas a confecções e facções (Tabela 11). Essas atividades estão atreladas à produção das fábricas de confecções e de moda íntima, de vários portes, que existem em Fortaleza e que estabelecem uma relação de informalidade com esses trabalhadores, que poderiam ser denominados operários sem fábrica e sem o mínimo de direitos trabalhistas também, caracterizando-se como precarização das relações trabalhistas.

Tabela 11 – Ocupação principal dos trabalhadores que exercem mobilidade dentro do bairro Bom Jardim

Ocupação	Percentual
Costureiro(a) /cortador de tecido/faccionista	25%
Vendedor	12%
Trabalhador da construção civil	9%
Comerciante	9%
Mecânico	6,6%
Serviços gerais (lavadeira, diarista, babá)	5,3%
Profissional da educação	5,3%
Serviços de beleza	4%
Outros	23,8%
Total	100

Fonte: a autora (2010)

Ao analisarmos as informações referentes aos trabalhadores que têm o bairro Aldeota como destino, verificamos que, em relação ao grau de instrução, não há muita diferença em comparação ao trabalhador do próprio bairro. Há, ainda, o predomínio do primeiro grau incompleto com um percentual de 44% do total, seguido de 35% com o segundo grau completo.

Relativamente ao tipo de ocupação, sobressaem-se as atividades relacionadas às redes de supermercado[39]. Em seguida, vêm trabalhadores e trabalhadoras que realizam serviços gerais (diarista, empregada) e os trabalhadores da construção civil (Gráfico 22).

Gráfico 22 – Ocupação dos trabalhadores entrevistados que trabalham na Aldeota

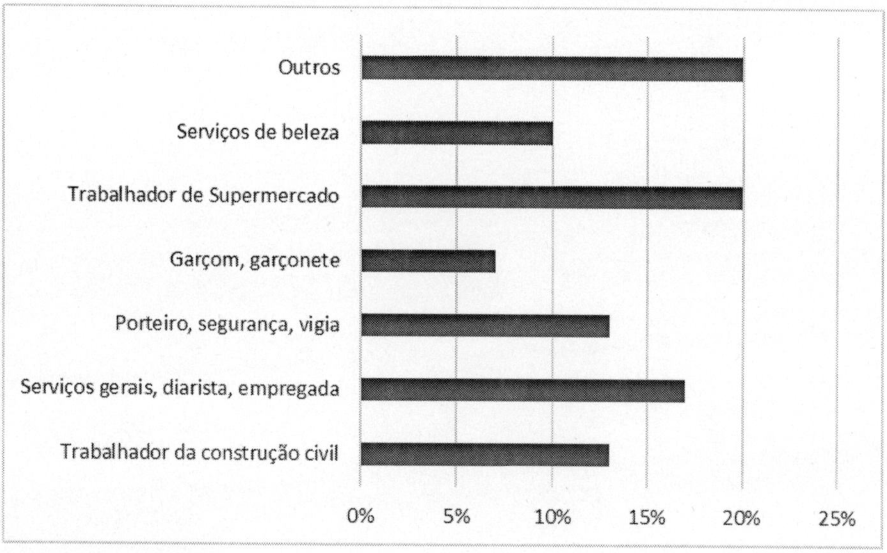

Ocupação	%
Outros	20%
Serviços de beleza	10%
Trabalhador de Supermercado	20%
Garçom, garçonete	7%
Porteiro, segurança, vigia	13%
Serviços gerais, diarista, empregada	17%
Trabalhador da construção civil	13%

Fonte: a autora (2010)

Para aqueles entrevistados, há o predomínio do trabalho assalariado com carteira assinada, com 56% do total (Gráfico 23). Essa é uma das principais diferenças entre esses trabalhadores e aqueles que têm como local de trabalho o Bom Jardim.

Destacam-se, ainda, trabalhos denominados pelos entrevistados como "avulso". Segundo eles, não se caracterizam como bicos, mas também não

---

[39] Interessante é observar a presença cada vez mais intensa de grupos empresariais com negócios relacionados à rede de supermercados em Fortaleza, na última década. Além do aumento de filiais de empresas já estabelecidas no Ceará, grupos têm se interessado pelo mercado consumidor do estado.

conservam nenhum empregatício, além de não garantirem o recebimento sequer de um salário mínimo mensal. Constatamos que 16% dos trabalhadores avulsos são assalariados, porém, sem carteira assinada. Isso deve-se, em parte, ao fato de que o empregador, não se comprometendo com o empregado formalmente, não assinando sua carteira de trabalho, não é obrigado a arcar com as despesas dos encargos sociais relacionados a esse tipo de contrato trabalhista quando da dispensa do trabalhador.

Gráfico 23 – Tipo de contrato dos moradores que trabalham na Aldeota

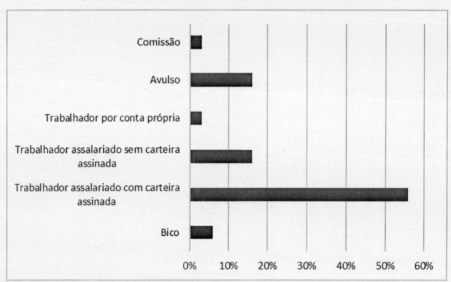

Fonte: a autora (2010)

Ao enfocarmos o trabalhador que tem como destino o Centro da cidade, percebemos que 38% destes possuem o segundo grau completo e 62% trabalham com carteira assinada. As ocupações mais mencionadas foram: trabalhador da construção civil, serviços gerais, segurança e vigia (Gráfico 24).

Salienta-se que a constatação, em campo, de trabalhadores da construção civil no Centro da cidade, se dá por conta das inúmeras obras do metrô de Fortaleza, o METROFOR, que estão em execução, o que, de certa forma, evidencia o caráter temporário dessa atividade no Centro.

Gráfico 24 – Ocupação dos trabalhadores entrevistados que trabalham no Centro

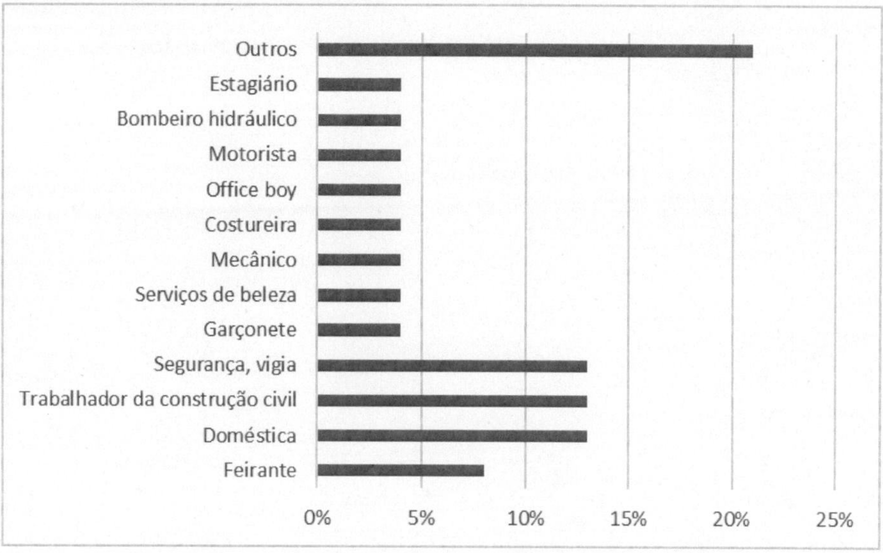

Ocupação	%
Outros	~21%
Estagiário	~4%
Bombeiro hidráulico	~4%
Motorista	~4%
Office boy	~4%
Costureira	~4%
Mecânico	~4%
Serviços de beleza	~4%
Garçonete	~4%
Segurança, vigia	~13%
Trabalhador da construção civil	~13%
Doméstica	~13%
Feirante	~8%

Fonte: a autora (2010)

Com relação ao tipo de modal principal utilizado pelos trabalhadores que têm como destino a Aldeota e o Centro, constatamos ser o modal ônibus o que predomina, com 81% e 79%, respectivamente, do total, fato que está evidentemente relacionado ao elevado percentual de trabalho formal e, portanto, à disponibilidade do vale-transporte para aqueles trabalhadores, denotando a importância da Aldeota e do Centro na composição do emprego formal na cidade de Fortaleza e, consequentemente, para os moradores do Bom Jardim. Em segundo lugar, destacam-se, em ambas as situações, a motocicleta e, em relação ao bairro Aldeota, a bicicleta ganha destaque, com um percentual de 6%.

4.4 Cidade, mobilidade e consumo

No que diz respeito ao consumo de bens e serviços, foi possível se detectar uma certa centralidade em relação àqueles bairros indicados como os mais procurados pela população do Bom Jardim e que, excetuando o Centro, são, por ordem de importância, Conjunto Ceará, Parangaba e Montese (Figura 4), o que suscita algumas considerações sobre essa constatação. A proximidade é um fator importante que favorece a mobilidade, porém, por si, não explica a preferência dos moradores, uma vez que outros bairros também mais próximos não exercem centralidade. Bairros como Conjunto Ceará, Parangaba e Montese, este último mais distante, são mais bem equipados de serviços e comércio, polarizando parte do sudoeste da cidade de Fortaleza.

Figura 4 – Bairros que exercem centralidade sobre o Bom Jardim

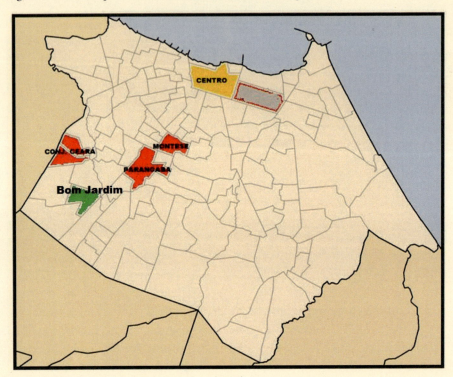

Fonte: Prefeitura Municipal de Fortaleza (2010)

Neles são encontrados equipamentos de saúde, a exemplo do Hospital Nossa Senhora da Conceição, no Conjunto Ceará, e o Frotinha, da Parangaba, muito utilizado pelos moradores do bairro Bom Jardim. Esses dois bairros contam também com serviços bancários e estabelecimentos comerciais diversificados. A acessibilidade a esses bairros, pela população do Bom Jardim, pode ser realizada por meio de ônibus, mas também por bicicleta e, ainda, a pé, dependendo de onde seja o ponto de partida dentro do bairro, ou seja, dependendo de onde esteja localizada a residência da pessoa, uma vez que o bairro Bom Jardim é extenso.

O Montese, por sua vez, figura como um dos primeiros subcentros a se formar em Fortaleza, mais precisamente na década de 1970, acompanhando o corredor formado pela avenida Gomes de Matos, onde se encontra uma concentração de lojas com artigos variados, filiais de grandes lojas de confecções e eletrodomésticos de Fortaleza, agências dos principais bancos do país, além de outros serviços.

Em síntese, esses bairros representam alternativa importante para a população, uma vez que a acessibilidade é relativamente maior do que em relação ao Centro da cidade, permitindo, inclusive, os deslocamentos a pé ou de bicicleta. A proximidade constitui, nesse caso, um fator que não pode ser descartado, configurando-se não como restrição à mobilidade, se considerarmos a facilidade proporcionada pelos fatores técnicos (transportes), mas como outras opções de mobilidade, configurando o urbano como espaço da mobilidade. Provavelmente, esses subcentros não teriam a dinâmica que têm se não fosse esse capital de mobilidade dos moradores de bairros pobres, como o Bom Jardim.

Não obstante a importância desses bairros no consumo de bens e serviços, os entrevistados reportaram-se ao Centro como importante local na satisfação de suas necessidades, o que se justifica pelo que o Centro representa em termos de concentração de lojas e serviços. Ressaltamos, ainda, que ir às compras no Centro também constitui forma de lazer para as populações mais pobres.

A população que procura o Centro da cidade, para fins de consumo, é em geral aquela com menor poder aquisitivo e que se caracteriza por uma renda mensal entre dois e três salários mínimos. Os entrevistados destacaram como motivação a compra de produtos de vestuário e calçado (Gráfico 25). É interessante como esse item foi ressaltado acreditando-se que o fator responsável por essa preferência decorra não só da incontestável prevalência do Centro sobre os demais bairros, no que concerne à variedade de produtos, mas também com relação à facilidade de crédito que as lojas ali localizadas disponibilizam. Vale evidenciar, ainda, o peso da oferta do mercado informal bastante difundido no Centro da cidade e que se apresenta como sendo mais uma facilidade e possibilidade de acesso a bens de consumo.

Gráfico 25 – Mobilidade para consumo de vestuário e calçados

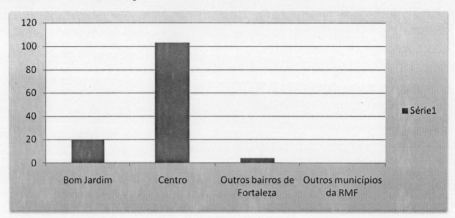

Fonte: a autora (2010)

As localidades que exercem centralidade para a população do Bom Jardim, representadas pelos bairros Montese, Parangaba e Conjunto Ceará, assumem papel essencial, sobretudo para aqueles moradores prejudicados por possuírem uma mobilidade limitada pelo não acesso efetivo ao serviço de transporte público coletivo. Logo, o deslocamento para esses pontos da cidade, menos distantes do que o centro tradicional, é alternativa ante a necessidade de suprir necessidades elementares, mormente no que concerne a saúde, educação e lazer.

Questiona-se, preliminarmente, no entanto, se essas localidades centrais seriam uma solução ou condição atenuante, diante da dificuldade de exercício do direito de ir e vir, do não acesso mais diversificado à cidade por parte da população com menor poder aquisitivo. Como resposta a esse questionamento, acreditamos que o pleno exercício do direito à mobilidade urbana, por parte daqueles com menor poder aquisitivo, está associado a melhores condições de vida que possibilitem a satisfação de seus anseios e necessidades, o que não significa a extinção ou inibição do nascimento de mais áreas que exerçam centralidade, mas a possibilidade de maior equidade.

Ainda atestando o que assinalamos no parágrafo anterior, sobre o não direito à cidade ocasionado pela imobilidade, verificamos que 16% da população pesquisada satisfaz suas necessidades de consumo no próprio bairro, nas feirinhas semanais, nos armarinhos e com os vendedores ambulantes, que passam de porta em porta, costume ainda muito comum nos bairros periféricos de Fortaleza. Destaca-se o fato de que o maior percentual encontrado na pesquisa está relacionado àquelas famílias com menor poder aquisitivo.

Em contraposição, as famílias que informaram o Centro como principal lugar para o consumo dos bens citados foram aquelas que apresentaram renda mensal entre 5 e 10 salários mínimos. Elas apontaram também como principais locais de consumo os shoppings: Maracanaú, Benfica, North Shopping e Iguatemi, inferindo-se, com base no consumo, a não total homogeneidade dos bairros periféricos. Isso indica que o modelo shopping center, e o fascínio que exerce, chega a todos, indistintamente.

No que diz respeito à satisfação de necessidades fundamentais, como a saúde, verificamos que a primeira opção para quem necessita desse serviço é o posto de saúde mais próximo à residência, que fica no próprio bairro (Gráfico 26). Não ocorre, no entanto, o pronto-atendimento, sendo apontado como razão a falta de profissionais de saúde e a não disponibilidade dos serviços em todos os horários, fazendo com que os moradores do Bom Jardim se dirijam a outros bairros, podendo se falar numa mobilidade motivada pela saúde.

Gráfico 26 – Mobilidade para acesso à saúde I

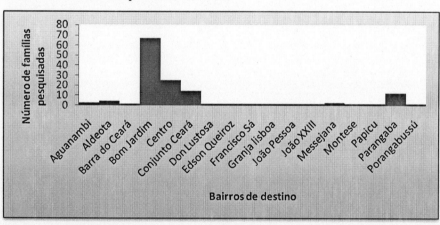

Fonte: a autora (2010)

Desse modo, parece contraditório o fato de o Bom Jardim não dispor satisfatoriamente desse serviço e, no entanto, aparecer como o mais procurado por seus moradores. Tal contradição não se reduz à carência dos equipamentos de saúde no bairro, mas à demanda que enseja em face do grande contingente populacional e das dificuldades dessas pessoas em virtude da escassez de recursos financeiros que lhes permita buscar esses serviços em outras áreas da cidade, mesmo que se torne a condição única.

No Gráfico 27, é possível verificar os locais onde a população entrevistada é realmente atendida no que tange ao serviço de saúde e constatar que novamente o Conjunto Ceará e a Parangaba aparecem como os bairros mais procurados depois do Centro, reforçando o papel polarizador que exercem sobre o Bom Jardim, conforme comentado.

Gráfico 27 – Mobilidade para acesso à saúde II

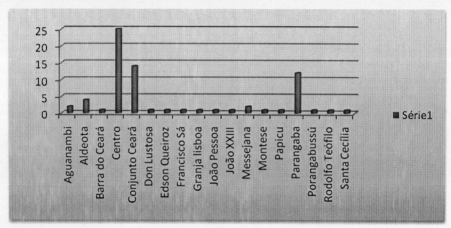

Fonte: a autora (2010)

Uma questão já ressaltada sobre o quesito acesso aos serviços de saúde no bairro Bom Jardim é a presença de planos funerários vendidos de porta em porta e que também prestam serviços de saúde, inclusive um dos mais citados pela população entrevistada foi a SBC, que pertence ao empresário e político Alri Nogueira, o qual recentemente inaugurou uma unidade de atendimento de saúde no bairro.

No que diz respeito ao consumo de serviços relacionados a bancos, a descentralização desse serviço é bastante expressiva, se considerarmos que 61% da população pesquisada informou buscá-los em outros bairros de Fortaleza e não no Centro, que ainda se destaca, mas não como principal, uma vez que representa o destino de 35% do total de famílias pesquisadas, em contrapartida a 46% que se deslocam para o Conjunto Ceará para ter acesso ao referido serviço, enquanto 13% o buscam na Parangaba (Gráfico 27).

Gráfico 28 – Mobilidade para o acesso a serviços bancários

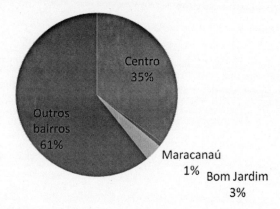

Fonte: a autora (2010)

Como podemos constatar, a mobilidade e o acesso à cidade pela população pesquisada do Bom Jardim não sucede de maneira efetiva e, nesse sentido, bairros que se localizam próximos e que concentram expressivo número de equipamentos urbanos, além de uma variedade de comércio e serviços, apresentam-se como importantes opções de inserção no urbano. Como ressaltado pela própria população, bairros como Conjunto Ceará, Parangaba e Montese convertem-se como de importância para sua reprodução, no entanto, sem dúvidas, põe na ordem do dia a reflexão sobre a mobilidade, que, nesse caso, se apresenta limitada com negativas consequências diretas sob o efetivo direito ao ir e vir (Gráfico 28).

5

CONSIDERAÇÕES FINAIS

Ao rematar nosso trabalho, lançamos mão dos ensinamentos de Lefebvre (2001a), ao referir que o direito à cidade só pode ser formulado como direito à vida urbana, transformada, renovada, permitindo-nos admitir que mudanças nos paradigmas que norteiam nossa sociedade são possíveis e necessárias, por mais que as ideias subliminares que nos bombardeiam todos os dias, via propagandas ou meios de comunicação em geral, anunciem as benesses e misérias dessa sociedade, naturalizando-as.

Em nossa pesquisa, buscamos compreender o conteúdo do direito à cidade na perspectiva do efetivo exercício da mobilidade, que contribui para garantir a inserção no espaço urbano da população de menor poder aquisitivo. As reflexões que nos conduziram pretenderam compreender a mobilidade como componente do urbano e como possibilidade, por parte daqueles que habitam Fortaleza, e mais especificamente o bairro Bom Jardim, de efetivarem seu direito à cidade.

Desse modo, e considerando a cidade com o direito, é que tivemos como base a vida real, o espaço concreto e o tempo presente, o que se contrapôs à ideia de uma cidade ideal. Compreendemos que, mais do que aparato técnico e intervenções urbanísticas, a população que habita as grandes cidades precisa contar com uma distribuição de renda mais justa que lhes possibilite exercer efetivamente uma mobilidade qualificada, ou seja, permitindo pensar e usufruir a cidade como um todo e não de maneira fragmentada. Isso porque a mobilidade e o acesso à cidade, dependendo do poder aquisitivo dos citadinos, interfere no uso e na apropriação do espaço urbano, logo, o conteúdo e a forma cidade não são a mesma coisa para todos.

Comprovamos que a população pesquisada, que se insere no âmbito daquela de menor poder aquisitivo, não logra ter acesso a outras áreas da cidade, para fins de moradia, que não a própria periferia. Assim, a mobilidade residencial entre bairros da periferia de Fortaleza é uma realidade que deve ser considerada como relevante, quando nos referimos à produção e à apropriação da cidade.

A periferia sudoeste de Fortaleza e, mais precisamente, o bairro Bom Jardim, constitui-se de trabalhadores do comércio e dos serviços, mas também de parte expressiva que sobrevive na informalidade com implicações diretas na mobilidade e acessibilidade. As questões de transporte assumem, pois, condição imprescindível na reprodução da força de trabalho.

Constatamos, frequentemente, nos depoimentos obtidos, o quanto o transporte interfere na vida do trabalhador, seja ele formal ou informal, e também na mobilidade em geral, levando em conta as necessidades de os moradores do Bom Jardim se deslocarem para suprir suas necessidades em outros bairros. Esse fato poderia parecer, em princípio, natural, na perspectiva da mobilidade urbana, se não fosse a carência de bens e serviços, muitos dos quais de primeira necessidade, não ofertados no próprio bairro.

O transporte público por ônibus é o principal modal utilizado pelos trabalhadores formais, sendo, portanto, aquele com maiores implicações na mobilidade. Comprovamos, no entanto, um grande descontentamento da população entrevistada com a pouca disponibilidade de linhas de ônibus, a insegurança nas paradas, dentro dos ônibus e nos terminais de integração e, principalmente, o alto custo das passagens, sem contar a baixa qualidade do serviço. Contraditoriamente, muitos trabalhadores que dispõem de vale-transporte utilizam o recurso correspondente a esse direito para outros fins, substituindo o transporte coletivo por outros modais, como a bicicleta, e até mesmo fazendo seu percurso de casa ao trabalho a pé, sempre que possível.

Para o trabalhador informal, por sua vez, a mobilidade se efetiva na maior parte das vezes por ônibus ou, também, a pé, haja vista sua instabilidade financeira, o que ocasiona dificuldades no pagamento da passagem do transporte coletivo, tornando sua mobilidade limitada e muito mais vinculada àquelas localidades que exercem centralidade, que, no caso do Bom Jardim, são os bairros Conjunto Ceará, Parangaba e Montese.

O desenvolvimento das áreas que exercem centralidade é importante no contexto de um baixo potencial de mobilidade, no entanto, camufla o não exercício do direito de ir e vir, já que é um atenuante, em virtude da não garantia do efetivo exercício de mobilidade e, assim, do acesso à cidade.

Por outro lado, a falta de maiores investimentos no transporte coletivo por parte do Poder Público contrasta com o aumento de linhas de crédito para aquisição do transporte individual (automóvel e motocicleta). Conforme já explicitado no decorrer desta obra, a frota de veículos em Fortaleza cresceu muito nos últimos três anos, o que trouxe sérios problemas de fluxo, com repercussões diretas na qualidade de vida de seus citadinos.

A inserção, no espaço urbano, da população com menor poder aquisitivo desde o início da urbanização brasileira sucede de maneira precária, em razão do movimento de constituição da cidade, que favorece as desigualdades socioespaciais com implicações no que tange à mobilidade urbana. Essas implicações estão relacionadas à expulsão popular para as periferias cada vez mais distantes e ao não provimento adequado de infraestrutura e equipamentos urbanos, que assistam à população pobre no lugar onde ela habita. Nesse caso, a mobilidade passa a ser compulsória e não mais sinônimo de urbanidade.

REFERÊNCIAS BIBLIOGRÁFICAS

AMORA, Z. B. Indústria e espaço no Ceará. *In:* SILVA, J. B. da.; CAVALCANTE, T. C.; DANTAS, E. W. C. (org.). **Ceará**: um novo olhar geográfico. 2. ed. Fortaleza: Fundação Demócrito Rocha, 2007.

AMORA, Z. B.; GUERRA, E. C. **Mobilidades:** por uma releitura do urbano na contemporaneidade. Rio Claro: ANPEGE, 2005.

ASCHER, F.; GIARD, J. **Demain La ville?** Urbanisme et Politique. Paris: Éditions Socials, 1975.

BORBA, J.; SILVA, L. L. da. Sociedade Civil ou Capital Social? Um balanço teórico. *In:* BAQUERO, M.; CREMONESE, D. (org.). **Capital social:** teoria e prática. Itijuí: EdUnijuí, 2006.

BRASIL. **EM Interministerial nº 7/2006.** Brasília: Ministério das Cidades, 2006.

BRASIL. **Cartilha Mobilidade Urbana é Desenvolvimento Urbano.** Brasília: Ministério das Cidades, 2007.

BUENO, S. **Minidicionário da língua portuguesa.** São Paulo: FTD, 2001.

CARDOSO, L. **Transporte público, acessibilidade urbana e desigualdades socioespaciais na Região Metropolitana de Belo Horizonte.** 2007. Tese (Doutorado em Geografia) – Instituto de Geociências, Universidade Federal de Minas Gerais, Belo Horizonte, 2007.

CENTRO DE DEFESA DA VIDA HERBERT DE SOUZA; GRUPO DE GESTÃO PÚBLICA E DESENVOLVIMENTO URBANO. **Diagnóstico Socioparticipativo do Grande Bom Jardim.** Fortaleza: CDVHS; UECE, 2004.

CORRÊA, R. L. **Trajetórias geográficas.** 2. ed. Rio de Janeiro: Bertrand Brasil, 2001.

CORRÊA, R. L. **O espaço urbano.** 4. ed. São Paulo: Ática, 2003.

COSTA, M. C. L. da. Fortaleza, expansão urbana e organização do espaço. *In:* SILVA, J. B. da.; CAVALCANTE, T. C.; DANTAS, E. W. C. (org.). **Ceará:** um novo olhar geográfico. 2. ed. Fortaleza: Fundação Demócrito Rocha, 2007.

CRESSWELL, T. Justice sociale et droit à la mobilité. *In:* BERTHOZ, A. **Les sens du mouvement.** Paris: Belin, 2004.

DEÁK, C.; SCHIFFER, S. **O processo de urbanização no Brasil**. São Paulo: EDUSP; FUPAM, 1999.

DELAUNAY, D. Mobilités, ségrégations residentielles et bônus demographique dans la zone metropolitaine de Santiago Du Chili. **Revue Tiers Monde**, n. 201. Paris: Armand Colin; Université Paris I, 2010.

DUREAU, F.; GOUËTE, V. A. L'évolution des mobilités quotidiennes dans deux peripheries populaire de Bogotá: Soacha et Madrid (1993-2009). **Revue Tiers Monde**, n. 201. Paris: Armand Colin; Université Paris I, 2010.

FRANÇA, M. de F. S. **A formação do Parque Santo Amaro e o processo de urbanização de Fortaleza**. Fortaleza: EdUECE, 1996.

GAUDEMAR, J. P. de. **Mobilidade do trabalho e acumulação do capital**. Lisboa: Editorial Estampa, 1977.

GOMIDE, A. de A. **Transporte urbano e inclusão social:** elementos para políticas públicas. Texto para discussão n. 960. Brasília: IPEA, 2003.

GOTTDIENER. M. **A Produção social do espaço urbano**. 2. ed. São Paulo: EdUSP, 1997.

KOWARICK, Lúcio. **A expoliação urbana**. São Paulo: Paz e Terra, 2000.

LAGO, L. C. do. **Desigualdades e Segregação na Metrópole**: o Rio de Janeiro em tempo de crise. Rio de Janeiro: Revan, 2000.

LE BRETON, E. Mobilité, exclusion et marginalité. *In:* BERTHOZ, A. **Les sens du mouvement.** Paris: Belin, 2004.

LEFEBVRE, H. Da Cidade á Sociedade Urbana. *In:* LEFEBVRE, H. **A Revolução Urbana**. Tradução: Sergio Martins. Belo Horizonte: EdUFMG, 1999. p. 15-32.

LEFEBVRE, H. Industrialização e urbanização: noções preliminares. *In:* LEFEBVRE, H. **O Direito à Cidade.** Tradução de Rubens Eduardo Frias. São Paulo: Centauros, 2001a. p. 3-26.

LEFEBVRE, H. O Direito à cidade. *In*: LEFEBVRE, H. **O Direito à Cidade**. Tradução: Rubens Eduardo Frias. São Paulo: Centauros, 2001b. p. 103-118.

LEFEBVRE, H. A Cidade e o Urbano. *In:* LEFEBVRE, H. **Espaço e Política**. Tradução: Margarida Maria de Andrade e Sergio Martins. Belo Horizonte: EdUFMG, 2008.

LEMENHE, M. A. **As razões de uma cidade**. Fortaleza: Stylus Comunicações, 1991.

LENCIONE. S. **Região e Geografia**. São Paulo: EdUSP, 2003.

LENCIONE. S. Condições Gerais de Produção: um conceito a ser recuperado para a compreensão das desigualdades de desenvolvimento regional. **Scripta Nova**: revista electrónica de geografía y ciencias sociales, Barcelona, v. XI, n. 245, ago. 2007.

LOJKINE, J. **O estado capitalista e a questão urbana**. São Paulo: Martins Fontes, 1981.

LOPES, F. C. R.; SILVA, J. B. da. A centralidade da Parangaba como produto da fragmentação de Fortaleza (CE). *In:* SILVA, J. B. da. *et al.* **Litoral e Sertão**. Fortaleza: Expressão Gráfica, 2006.

LÉVY, J. Os novos espaços da mobilidade. **Geographia:** Revista da Pós-Graduação em Geografia da UFF, Rio de Janeiro, ano 3, n. 6, 2002.

MOREIRA, R. **Pensar e Ser em Geografia**. São Paulo: Contexto, 2007.

MUMFORD, L. **A cidade na história**: suas origens, transformações e perspectivas. São Paulo: Martins Fontes, 1982.

OLIVEIRA, F. O Estado e o Urbano. **Revista de Estudos Regionais e Urbanos Espaço e Debates**, ano II, n. 6. São Paulo: Cortez, 1982.

OLIVEIRA, F. **A economia brasileira:** crítica à razão dualista. 6. ed. Rio de Janeiro: Vozes, 1988.

OLIVENOR, J. Metrópole da Fome: a cidade de Fortaleza na seca de 1877-1879. *In:* SOUZA, S. de; NEVES, F. de C. (org.). **Seca**. Fortaleza: Edições Demócrito Rocha, 2002.

PAIVA, L. F. S. Bairro Bom Jardim: formação, desigualdade e segurança pública. *In:* ARAGÃO, E. F. *et al.* (org.). **Fortaleza e suas tramas**: olhares sobre a cidade. Fortaleza: EdUECE, 2008.

PAQUETTE, C. Mobilité quotidienne et accés à la ville des ménages périurbains das l'agglomération de Mexico. **Revue Tiers Monde**, n. 201. Paris: Armand Colin; Université Paris I, 2010.

PAVIANE, A. A lógica de periferização em áreas metropolitanas. *In:* SANTOS, M.; SOUZA, M. A. de; SILVEIRA, M. L. **Território, Globalização e Fragmentação**. 5. ed. São Paulo: Hucitec, 2006.

PEIXOTO, V. M. R. A construção do espaço urbano e o transporte coletivo. **Boletim Goiano de Geografia**, v. 1, n. 1. Goiânia: EdUFG, 1981.

PEREIRA, S. R. **Percursos Urbanos:** mobilidade espacial, acessibilidade e o direito à cidade. 2006. 323 f. Tese (Doutorado em Geografia) – Faculdade de Ciências e Tecnologia, Universidade Estadual Paulista, São Paulo, 2006.

PEREIRA JÚNIOR, E. A. **Industrialização e Reestruturação do Espaço metropolitano.** Fortaleza: EdUECE, 2005.

PREFEITURA MUNICIPAL DE FORTALEZA. **Plano de circulação viária Metropolitana.** Fortaleza: SEINF, 1996a.

PREFEITURA MUNICIPAL DE FORTALEZA. **Relatório:** Plano de transporte público. Fortaleza: SEINF, 1996b.

PREFEITURA MUNICIPAL DE FORTALEZA. **Pesquisa Origem – Destino:** Região Metropolitana de Fortaleza. Fortaleza: TRANSFOR; SEINF, 1999.

RÉMY, J.; VOYÉ, L. **A cidade:** rumo a uma nova definição? Porto: Edições Afrontamento, 1997.

ROCHA, S. **Pobreza no Brasil**. Afinal, de que se trata? Rio de Janeiro: Editora FGV, 2005.

RODRIGUES. A. M. O espaço urbano e as estratégias de planejamento e produção da cidade. *In:* PEREIRA, E. M. (org.). **Planejamento Urbano no Brasil:** conceitos, diálogos e práticas. Chapecó: Editora Argos, 2008.

SANTOS, M. **O espaço do cidadão.** 5. ed. São Paulo: Stúdio Nobel, 1987.

SANTOS, M. **A urbanização brasileira.** 5. ed. São Paulo: EdUSP, 1993.

SANTOS, M.; SILVEIRA, M. L. **O Brasil:** território e sociedade no início do século. Rio de Janeiro: Record, 2001.

SILVA, A. A. Transporte e Periferia. **Revista de Estudos Regionais e Urbanos Espaço e Debates**, ano II, n. 07. São Paulo: Cortez, 1982.

SILVA, D. C. da. **No sentido do viver, o lutar, na luta a construção de um lugar:** Bairro Dias Macedo, Fortaleza, Ceará. 2004. 153 f. Dissertação (Mestrado em Desenvolvimento e Meio Ambiente) – Pró-Reitoria de Pesquisa e Pós-Graduação, Universidade Federal do Ceará, Fortaleza, 2004.

SILVA, J. B. da. **Quando os incomodados não se retiram:** uma análise dos movimentos sociais em Fortaleza. Fortaleza: Multigraf, 1992.

SILVA, J. B. da. A cidade contemporânea no Ceará. *In:* SOUZA, Simone (org.). **Uma nova história do Ceará.** Fortaleza: Fundação Demócrito Rocha, 2000.

SILVA, J. B. da. **Nas trilhas da cidade.** Fortaleza: Museu do Ceará, 2001.

SILVA, J. B. da. Formação Territorial Urbana. *In:* DANTAS, E. W. C.; SILVA, J. B. da; COSTA, M. C. L. **De Cidade a Metrópole:** (trans)formações urbanas em Fortaleza. Fortaleza: Edições UFC, 2009.

SOUSA, M. S. de. Segregação Socioespacial em Fortaleza. *In:* SILVA, J. B. da *et al.* **Litoral e Sertão.** Fortaleza: Expressão Gráfica, 2006.

SOUSA, M. S. de. Ceará: bases de fixação do povoamento e o crescimento das cidades. *In:* SILVA, J. B. da.; CAVALCANTE, T. C.; DANTAS, E. W. C. (org.). **Ceará:** um novo olhar geográfico. 2. ed. Fortaleza: Fundação Demócrito Rocha, 2007.

SOUZA, M. S. de. Análise da estrutura urbana. *In:* DANTAS, E. W. C.; SILVA, J. B. da; COSTA, M. C. L. **De Cidade a Metrópole:** (trans)formações urbanas em Fortaleza. Fortaleza: Edições UFC, 2009.

SOUSA, M. T. R. Mobilidade e acessibilidade no espaço urbano. **Sociedade & Natureza**, Uberlândia, v. 17, n. 33, p. 119-129, 2005.

SOUZA, S. de; NEVES, F. de C. (org.) **Seca.** Fortaleza: Edições Demócrito Rocha, 2002.

SPÓSITO, M. E. B. A urbanização da sociedade: reflexões para um debate sobre as novas formas espaciais. *In:* DAMIANI, A. L.; CARLOS, A. F. A; SEBRA, O. C. de L.(org.). **O espaço no fim do século:** a nova raridade. 2. ed. São Paulo: Contexto, 2001.

SPÓSITO, M. E. B. **Capitalismo e Urbanização.** 15. ed. São Paulo: Contexto, 2005.

UNIVERSIDADE FERDERAL DO CEARÁ. **Relatório:** uma caracterização da extrema pobreza no Brasil. Relatório de pesquisa, nº 8. Fortaleza: Laboratório de Estudos da Pobreza, 2011. Disponível em: http://www.caen.ufc.br/~lep/relatorios/rp8.pdf. Acesso em: 14 jul. 2023.

VASCONCELLOS, E. A. **Circular é preciso, viver não é preciso:** a história do trânsito na cidade de São Paulo. São Paulo: Annablume; FAPESP, 1999.

VASCONCELLOS, E. A. **Transporte urbano, espaço e equidade:** análise das políticas públicas. São Paulo: Annablume, 2001.

VIEIRA, T. Seca, disciplina e urbanização: Fortaleza- 1865/1879. *In:* SOUZA, S. de e NEVES, F. de C. (org.). **Seca**. Fortaleza: Edições Demócrito Rocha, 2002.

VIEIRA JÚNIOR, A. O. **Entre o futuro e o passado:** aspectos urbanos de Fortaleza (1799-1850). Fortaleza: Museu do Ceará, 2005.

VILLAÇA, F. **Espaço Intraurbano no Brasil.** São Paulo: Studio Nobel; FAPESP, 2001.